아내의 저금통

아내의 저금통

초판 1쇄 인쇄 | 2024년 12월 10일
지은이 | 임병식
펴낸이 | 이재욱(필명:이승훈)
펴낸곳 | 해드림출판사
주 소 | 서울 영등포구 경인로82길 3-4(문래동1가 39)
　　　 센터플러스빌딩 1004호(07371)
전 화 | 02-2612-5552
팩 스 | 02-2688-5568
E-mail | jlee5059@hanmail.net

등록번호　제2013-000076
등록일자　2008년 9월 29일

ISBN　979-11-5634-607-4

임병식 수필집

아내의 저금통

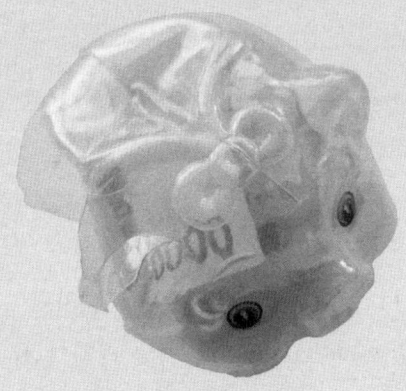

해드림출판사

서문

책을 낼 때마다 드는 생각이지만 늘 부족함을 느낀다. 글을 써 온 이력으로 보면 마음도 그렇고 마땅히 수필작품의 전범(典範)이 될 것을 선보이고 싶지만 그렇지를 못하다. 마음이 그러할 뿐, 살아온 삶이 장삼이사(張三李四)를 벗어나지 못한 데다 내공마저 부실한 탓이다.

살면서 역량 있는 사람들을 보면 느긋한 데가 있다. 그렇지 않은 사람은 어딘가 초조한 기색을 나타낸다. 이런 기준에 비추어 볼 때 나는 후자에 속하는 사람이 아닐까 싶다. 그것은 지금 내가 보여주는 행동이 말해 준다.

수필집을 묶어 내는데 80을 넘기면 어떻고 안 넘기고 어떨까마는 '80을 넘기기 전에'라는 조급증에 시달리는 것이다. 그리하여 그간 써온 작품을 간추려보고 있는데 거의 태작(駄作)이어서 실망을 감출 수가 없다.

그런데도 책을 묶어 낼 생각을 하게 된 것은 물리적으로 80이라는 나이의 압박도 있지만, 가정에 큰 변화가 있었다. 그동안 아픈 몸이나마 곁을 지키고 있던 아내가 스물두 해 투병 생활 끝에 세상을 떠난 것이다. 그 바람에 나는 졸지에 혼자 남아 독거노인이 되었다.

마음이 허전하여 바로 동사무소를 찾았다. '고독사는 면해야 하지 않는가.' 하는 생각이 퍼뜩 들어서였다. 수년 전에 지역에서 함께 글을 쓰던 분이 홀연히 세상을 떠난 적이 있다. 혼자 살다가 고독사를 한 것이었다. 그 일이 생각나서 찾아가 문의했다.

"혹시 생활보호 대상자입니까?"

해서 아니라고 하니,

"일단 접수는 해놓겠습니다."라는 말이 돌아왔다.

그 신고 덕분에 외로움을 면하고 산다. 사회복지사가 전화로 "잘 계시느냐," "아픈 곳은 없으시냐"고 안부를 묻고 찾아주기도 하는 것이다. 그 덕분에 든든하게 생활한다.

이번에 펴낸 책은 먹은 나이가 있는 만큼 아무래도 무게감이 좀 있고, 살아온 내 모습이 그대로 담긴 것이 아닌가 한다. 나의 취미생활, 가족관계, 내가 추구한 가치관, 스스로 돌아보아 잊지 못하는 일들이 담기지 않았는가 한다. 그렇지만 부족함을 느끼는 건 어쩔 수 없다. 따라서 아쉬운 대로 80 이전의 삶을 정리한다는 데 뜻을 두고 부끄러움을 무릅쓰고 책을 내놓는다.

2024. 11.
여수 우거에서
임병식

차례

서문   4

1

생명 활동	12
아내의 저금통	16
자기애(自己愛)	21
내 몸의 주인	27
승려의 수행정진(修行精進)	33
득음(得音)의 소리	38
어떤 울림	41
아주 특별한 감정 이입	46
손녀가 접어놓고 간 종이학	51
꽃의 전설	55
쑥부쟁이	60
외갓집 추억	63
예감(豫感)	68
우연히 엿 본 다산의 가계(家系)	73

2

선택(選擇)	81
들은 풍월(風月)	86
민들레 홀씨	92
손바닥선인장을 보며	96
눈으로 보는 것과 가슴으로 느끼는 것	100
비방(祕方)	104
병옥이 형님	108
쌍둥이 판다, 탄생을 보고 느낀 것	113
넘지 말아야 할 선(線)	117
감사패	122
천생 한국 아이	127
정적(靜寂)과 파적(破寂)	132
열두 시간의 착각	136
충무공 해를 품다	141

3

그의 후손은 어디서 살까	148
구들장 뜨기와 역우(役牛)	153
안타까운 단절	159
나와 수석(壽石)	164
깊은 여운을 남긴 작품	169
감성 매몰 시대의 단면	172
막둥이 아재	176
와룡매(臥龍梅) 생각	179
의미심장(意味深長)한 조언	185
대만 여행 중 특별히 느낀 것	190
별칭, 단 소장의 일화	194
엇갈린 두 시선	198
이즘의 언어 풍조	203
명화 감상	208

4

지금은 그 기차가 보이지 않는다	216
무릉도원	221
어떤 단서(端緒)	226
일상을 살아가는 지혜	230
석물(石物)	235
바로 잡기의 어려움	240
암(癌) 이야기	245
똥 이야기	250
우주(宇宙) 속의 나	254
야생동물의 횡포	259
헛물켜다	264
공룡 유적지를 둘러보며	268
뇌리에 꽂힌 명언 명구(名句)	272
꼭 기억해야 할 참상	277

생명 활동

아내 떠난 뒤끝이 허전하다. 몸이 아파 사람 구실을 못 하는 몸이나마 집을 나고 들며 함께한다는 생각이 있었는데 막상 아내가 세상을 떠나고 보니 온 집안이 텅 빈 기분이다. 세상 떠난 지 일 년이 되다 보니 지금은 남은 훈기마저도 사라져서 집에만 들어서면 적막강산이다.

해서 며칠 전부터는 갈무리해둔 영정사진을 꺼내어 거실에 걸어두고 있다. 함께한다는 기분을 느끼기 위해서이다. 그래 놓으니 쓸쓸함이 좀 가신 기분이다.

얼마 전에는 유품을 정리했다. 한꺼번에 내어놓기가 뭣해서 시나브로 옷가지를 재활용 수거함에 넣었다. 봄여름 가을 겨울, 철 따라 입던 옷들이 상당했다.

그뿐만이 아니라 달포 전에는 그간 조금씩 깎아둔 손발톱과 잘라둔 머리카락을 아내가 묻힌 납골묘 옆에 묻어두고 돌아왔다. 화장하면 아무래도 유전자가 온전히 보존되지 않음으로 보충해 두자는 의미에서였다. 그래놓고 오니 조금은 위안이 되는데, 어찌 살아있음에 비교할 수 있을까.

아내는 일차 뇌졸중으로 편마비가 오고, 두 번째 쓰러져서 전신 마비가 되었다. 그야말로 사지(四肢)를 쓰지 못하는 중환자가 되었다. 두 번째 쓰러지던 일을 어찌 잊을까. 한 2년여간 재활운동을 열심히 하여 병원에 갈 때만 해도 부축하여 차를 탈 수 있었다. 그런데 응급실에 도착하니 의식을 놓아버렸다.

"어떻게 하든지 살려주세요."

"사향을 한번 써보겠습니다."

그러나 효과는 없었다. 비싼 약값만 몽땅 들어갔다. 아니, 나중에 깨어나 사지를 못 쓰게 된 것이나마 굳이 그것의 효과라고 한다면 효과라고나 할까. 그렇지만 나는 그것은 부정한다. 사지를 쓸 수 있어야지 겨우 연명하는 수준이 무슨 효험이란 말인가.

MRI를 찍어 상태를 보여주는데 아내의 뇌 기능은 1/3도 남아 있지 않았다. 그 상태로 아내는 22년을 버텨주었다. 나는 병원에서 2년간 병간호를 하다가 아내를 집으로 데려왔다. 더는 재활 치료 이외엔 할 수 있는 일이 없다기에 병원에서 배운 재활운동 기법을 익혀 그대로 실천했다.

그것은 괜찮은데 집에 돌아오니 요양보호사가 문제였다. 일 년을 채우지 못하고 그만두기를 반복했다. 한 20명이나 바뀌었나. 그중에 몇 분은 좋은 사람도 있었다. 그렇지만 대다수는 그렇지 못했다.

내가 알아서 휠체어에 앉히고 대소변 처리를 전적으로 맡아서 하는데도 불평이 많았다. 이 닦는데 신경 쓰이게 한다느니, 짜증을 낸다느니 입소문을 냈다. 그걸 보며 마음 같아서는 당장 그만두라고 하고 싶었지만, 약자인 보호자로서는 참을 수밖에 없었다.

그런 가운데서도 아내는 놀라운 정신력을 보여주었다. 명절날과 부모님 제삿날은 물론이고 나와 아이들의 생일을 잊어버린 때가 없었다. 내가 미처 모르고 지나칠 기미라도 보이면 달력을 앞으로 가져오게 하여 어눌한 말투로 일일이 짚었다. 1/3밖에 남지 않는 뇌를 가지고 놀라운 기억력을 발휘했다.

아내가 세상 떠난 상황을 생각하면 안타까움이 있다. 일하던 요양보호사가 갑자기 그만두겠다고 하여, 대신 다른 분이 오게 됐는데 그는 감기 걸린 사람이었다.

기침을 콜록콜록 하기에 마스크를 쓰라고 했더니 자기는 마스크를 쓰고서는 일을 못 한다고 거부했다. 그런데 바로 독감이 옮은 것이다. 그런 걸 누굴 원망하랴.

아내는 죽음이 다가오는 마지막 순간까지도 놀라운 투지를 발휘하여 서울에 사는 아이들이 내려오는 시간을 기다려주었다. 그렇게 하여 먼길을 달려온 자식들의 임종을 지켜보게 한 것은 마지막 선물이 아닌가 한다.

생각하면 길고 긴 투병 생활이다. 그리고 나에게는 그만큼 긴 병간호의 생활이기도 했다. 나는 아내가 숨지기 달포 전에 조그만 선물이지만 여수시장의 표창장을 받았다. 여수에서 아픈 아내를 요양 시설에 보내지 않고 집에서 직접 간호한 걸 칭찬한 것이다.

 그러나 그런 칭찬이 무슨 의미가 있는가. 아내는 세상을 떠났고 나는 홀로 남아 홀아비가 되었는데. 살아보니 생명이라는 게 허무하다. 그렇지만 한편으로 아내의 긴 투병 생활을 생각하면 생명 활동이 경이롭게도 느껴진다. 마지막까지 실낱같은 기억력을 붙들고 버텨준 것이 그지없이 고맙기만 하다.

 생각하면 나도 여생이 그리 많이 남지 않았다. 아내의 사진을 들여다보면 그런 생각이 많이 든다. 그런 아내가 이제는 나를 걱정한다. '옷 부실하게 입고 다니지 말고 식사 잘 챙겨 먹으라.' 당부한다. 사진 속의 아내와 얼굴이 마주치면 그렇게 일러주는 것만 같다. 그러한 무언의 당부가 있는 한 아내는 여전히 생명 활동을 이어간다. 나는 그렇게 믿고 함께한다는 생각을 가지고 산다. (2024)

아내의 저금통

 얼마 전에 세상을 뜬 아내의 유품을 정리하다가 서랍장에서 저금통을 발견했다. 플라스틱 돼지저금통을 반쯤 잘라낸 용기이다. 이것은 중풍으로 쓰러진 아내가 몸이 자유롭지 못한 것을 생각하여 쉽게 꺼내도록 한 것이다. 아내는 그동안 몸을 쓰지 못하고 심각하게 언어장애를 겪고 있었지만, 인지기능은 어느 정도 작동하여 용돈 관리를 해왔다.
 거기에는 내가 매월 조금씩 넣어준 용돈과 명절 때나 평일에 한 번씩 내려오는 두 아들이 먹고 싶은 걸 사드시라고 넣어둔 현찰이 들어있다. 아내는 재택 병상 생활을 하면서 그 돈으로 요양보호사를 시켜 간식을 사 먹거나 목욕 후 수고비로 얼마간의 돈을 건넸다.
 간식은 주로 입맛이 없을 때 팥죽이나 피자, 아귀찜을 시켜 먹었다. 그렇다고 매일 주문하는 건 아니고 늘 잔액을 신경 쓰며 어느 정도 여윳돈이 있다 싶으면 다소 값이 나가는 통닭이나 돼지족발을 시켜 먹고 더러는 나의 내의도 사 주었다.

아내는 저금통의 잔액을 훤히 꿰고 있었다. 얼마 있을 거라고 하면서 나더러 한 번씩 셈을 해보라고 하는데 그때마다 세어보면 거의 액수가 틀림이 없었다. 나는 그러한 인지능력을 통하여 아내의 건강상태를 간접적으로 체크했다. '아직은 정신이 맑구나.' 하면서 안도했다.

저금통을 찾아내어 액수를 확인하니 57만 원이 들어있다. 꽤 되는 액수이다. 얼마 전 출장길에 큰아이가 다녀갔는데 그때 넉넉하게 용돈을 넣어두고 간 모양이다. 저금통에 용돈을 넣을 때는 두세 번 접어서 넣어둔다. 확인할 때 시각적으로 잘 보이도록 감안한 것이다. 그런 저금통을 대면하니 갑자기 목울대가 후끈해진다. '저것이라도 다 쓰고 갔더라면 좋았을 텐데' 하는 안타까운 마음이 격하게 밀려온다.

아내는 장장 22년간을 병상 생활을 했다. 그중 2년은 병원에 입원했었고 나머지 20년은 집에서 보냈다. 퇴원하면서 나는 집에서 돌보는 생활을 택했다. 가까운 곳에 요양원이 있고, 그런 곳을 소개받기도 하였지만 외면하였다. 그런 이유는 2년여에 걸쳐 입원해 있으면서 그곳에서 직접 보고 들으며 느낀 것이 많았다. 병원에서는 주간은 간호사, 야간에는 간병인이 돌보는데 눈에 거스른 점이 한둘이 아니었다.

특히 야간에 간병인이 돌보는 상황을 보면 너무나 환자에게 소홀한 것이 목격되었다. 환자를 구박하는 것은 일상이고 식사

시간에 밥도 성의 있게 먹여주질 않았다. 그나마 제 손으로 수저를 들어 밥을 먹은 환자는 좀 낫지만, 아내처럼 사지를 쓰지 못하는 환자는 떠먹이다가 흘리기에 십상인데 그런 때는 눈치를 주고, 음식물을 빨리 넘기지 못하면 대충 욱여넣고 끝을 내었다.

기저귀 하나도 정성껏 갈아주는 법이 없고, 환자의 몸뚱이를 마치 나무토막 굴리듯 함부로 이리저리 굴리고 환자복 하나도 정성껏 입혀주질 않았다.

환자 가족이 있는 곳에서도 그러니 만약에 보호자가 없는 상태에서는 얼마나 함부로 대할까 싶은 생각이 들었다. 그런 것을 보고 느꼈기에 요양원에 보내는 것을 나로서는 상상할 수가 없었다. 너무나 환자에게 함부로 대하는 실상을 적나라하게 목도했던 것이다.

집에서 돌보는 일도 늘 요양보호사가 문제가 되었다. 아내는 사지를 전혀 쓰지 못하는 1급 중환자인데, 식사 후에 이를 닦아주는 일로 갈등을 빚었다. 환자가 몇 차례를 더 요구하는데도 너무 많이 시킨다느니, 허리가 아프다느니 하면서 짜증을 내며 요구를 잘 들어주지 않았다.

누워있는 환자에게 밥을 먹이려면 휠체어에 앉혀야 한다. 그 과정에서도 트러블이 많았다. 기운이 없고 허리가 아프다며 기피하는 바람에 어느 날부터는 내가 그 일을 전담하게 되었다. 그리하는데도 하는 일이 힘들다고 한두 달 하다가 그만두기를 거듭하니 스트레스를 많이 받았다.

나는 긴 세월 간호를 하면서 단 한 번도 요양보호사에게 대변

처리를 맡긴 일이 없다. 아내도 그것을 원치 않았지만, 처음부터 아예 궂은일과 힘든 일은 내가 도맡아 하기로 작정을 하였다.

그런 관계로 만약에 내가 외출이라도 할 때는 미리 대비한다. 사전에 대소변을 보이고 기저귀를 채워둔다. 그렇지만 나는 한 번도 그 일을 귀찮다고 생각해 본 적이 없다. 당연히 내가 감당해야 하는 일로 생각하며 보냈다. 그런 까닭에 나는 아내로부터 마음을 상한 일보다는 오직 요양보호사 문제로 애를 닳고 속이 많이 상했다.

엊그제는 직장 선배에게 식사 제의를 받았다. 식사하면서 하는 말이 그토록 내가 오래 간병인 생활을 한 줄 전혀 몰랐다는 것이었다. 누구 한 사람 그런 말을 해준 사람이 없어서 막연히 조금 아프다는 정도로만 알고 있었다는 것이다.

그만큼 나는 거의 내색하지 않고 지내왔다. 그러나 끝까지 모를 수만 있겠는가. 2년 전이다. 나는 시청 사회복지 공무원으로부터 전화 한 통을 받았다. 신분을 밝히지 않은 어느 시민이 전화하길, '오래도록 집에서 부인을 병간호하는 사람이 있는데 표창이라도 해야 하지 않겠느냐?'라고 하더라는 것이다.

그 말을 듣고서 사실 확인 차원에서 전화한 것이었다. 그러고 나서 얼마 후에 시장 표창장이 전달되었다. 나는 그것을 '가장의 도리로 알고 하나의 본을 보인 징표'로 생각하고 소중히 간직하고 있다.

나는 아내를 떠나보내면서 들었던 두 가지 말을 새삼 음미하여 본다. 장례지도사가 한 말로 염을 해보니 오랜 침상 생활해온

시신치고는 욕창 하나도 생기지 않아서 놀랐다는 것이다. 얼마나 간호를 잘해왔는지 알 수 있었다고 입관을 하는 자리에서 말을 했다. 그리고 두 번째는 아들이 스치듯 한 말이다.

"어머니는 아버지 간호로 10년은 더 사셨어요."

이보다 더 인정받은 말이 있겠는가. 아내는 편히 눈을 감았다. 마지막은 독감으로 인한 폐렴이 원인이지만 가족에게 많이 도와주고 세상을 떠났다. 병원응급실로 실려 간 지 13시간. 서울에서 자식들이 내려와 마지막 가는 길을 지켜보는 가운데 잠을 자듯이 편안히 영면에 들었다.

생각하면 가슴이 아프지만 적당한 시기에 세상을 떠났지 않았는가 생각한다. 아들이 현직으로는 현재 맡은 일을 내년 초에는 그만둬야 하는데, 현재는 몸을 담고 있어서 수도권 여러 지자체에서 조의를 많이 표해주었다. 그것도 어찌 생각하면 아내가 마지막 도와주고 간 일이 아닌가 하는 생각이다.

그동안 아내의 용품 중 옷가지와 신발 등은 모두 내어놓았다. 몇 가지 남은 것 중에 저금통을 보니 먹고 싶은 것 마음껏 먹도록 도와주지 못한 것이 마음에 남는다. '그것이나마 다 쓰고 갔더라면.' 하는 아쉬운 마음만 든다. 그러나 지금은 이미 몸은 떠나고 함께한 흔적으로 저금통만 남아 있다. 그것이 보는 마음을 먹먹하게 하였다. (2024)

자기애(自己愛)

　대체의학자이면서 의사인 아우의 아호는 중심(中心)이다. 천상천하유아독존(天上天下唯我獨尊). 석가모니께서 태어나 일곱 걸음을 떼면서 '이 세상에 오직 나 홀로 우뚝하다'라고 말씀하셨듯이 아우는 이 우주의 중심에 자기가 존재한다는 확고한 신념을 가지고 있다.
　그래서 본래의 이름보다는 아호를 내세워 활동한다. 아우는 의사가 되기 전에는 역학자로 이름을 알렸다. 우리나라에서 백운학(白雲鶴) 선생 이후로 역학자라면 자타가 백우(白羽) 김봉준(金奉俊) 선생을 거명하는데, 아우는 바로 백우 선생의 수제자였다. 그래서 선생으로부터 급이 자기와 같다는 의미의 여백(余白)이란 호를 받았다.
　아우는 역학 분야의 책을 여러 권 펴냈으나 그것은 다른 이의 이름으로 냈고, 그 분야에서는 알아주는 사람이었다. 그렇지만 지금은 진력하는 대체의학 분야에서 환자의 운명을 보는 보조 수단으로 활용하고 있다.

아우는 자기가 이 세상의 중심에 있다는 생각이 확고하다. 그리하지 않고 생각이 흔들린다면 환자치료는 불가능하다고 단언한다. 간절함이 없이 막연히 찾아오는 환자를 치료한다는 의식을 가지고서는 고질병은 고칠 수 없다고 말한다. 그만큼 최선을 다해야 한다고 생각하고, 전심전력을 다 기울인다.

그러기 위해서 매일 아침 일어나면 마음이 정화된 상태에서 기도하며 기를 끌어모은다고 한다. 본래 암 환자나 자가면역질환자 등 중환자들은 기를 많이 소진시키는데 그렇지 않고서는 감당하기가 어려우며 그런 간절함이 없고서 죽어가는 사람을 살려내기는 어렵다고 한다.

주로 침과 뜸으로 치료를 하는데, 단순히 침 자리나 뜸 자리를 찾아서 처방한다고 낫는 게 아니라고 한다. 정성과 간절한 자세 때문인지 아우는 놀라운 성과를 내고 있다.

아우는 이번에 카자흐스탄과 한국에서 동시에 '암과 싸우지 마라'라는 저서를 출판했다. 거기에 보면 '국립대학원장'과 '정정자'라는 유명한 인사가 추천사를 써주었는데, 두 분이 한결같은 말을 하고 있다.

단순히 의례적인 인사말이 아니라, 7, 8년을 지켜보며 희소 질환 환자를 고쳐내는 것을 보고서 확신하고 느낀 소감을 피력하고 있다. 거기에서 특이하게 짚어낸 것이 '감사요법'이다. 심적인 대비로서 환자가 자기와 가족, 이웃에게 감사한 마음을 가져야 한다는 것이다.

나는 그것을 자기애(自己愛)라고 말하고 싶다. 책 내용을 보면 일관되게 관통하는 것이 "자기 몸의 주체는 어디까지나 자기이며 병 치료는 자기가 주도를 해야지 의사에게 맡겨서는 안 된다."라는 것이다. 2,500년 전 의학의 아버지 히포크라테스가 말했듯이 "자기 몸속에는 100명의 명의가 있는데, 이 명의가 고치지 못한 병은 다른 어떤 의사도 고칠 수 없다."라는 것이다.

아우는 환자가 내방하면 "자기를 사랑하느냐?"고 물어본다고 한다. 왜냐하면, 자기 몸을 사랑해야만 병을 이길 의지가 생기고 나을 수 있기 때문이라고 한다.

사람들은 자기를 미워하기도 한다. 일이 잘 풀리지 않을 때, 남보다 못 낫다고 느낄 때, 자기를 미워한다. 심지어는 그 마음이 지나쳐서 자학(自虐)하고, 그래서 자포자기하고 스스로 목숨을 끊기도 한다.

병이 걸렸을 때도 '왜 하필 내가?' 하고서 자기를 원망하며 무분별하게 누가 권하는 약물을 복용하기도 한다. 왜 내 몸은 이렇게 생겨 먹었냐며 분노하며 저주하고 원망하기도 한다. 그렇지만 알고 보면 자기 신체만큼 자기를 위하고 열심히 돌보는 것도 없다고 한다.

몸 안의 백혈구는 외부에서 들어오는 세균에 대응하며 부단히 투쟁하며 몸속 다른 장기들도 오장육부가 서로 조화를 이루는 가운데 제대로 작동하도록 최선을 다한다. 그러한 중에도 자가 면역 질환 같은 것은 자기가 자기 몸을 공격을 하는데 이는 시스템의 고장으로 인한 현상이라고 한다. 암도 마찬가지다. 인체의 세포 끝에는 뉴런이라는 신경이 있는데 이것이 작동하지 않아 암이 생긴다고 한다. 신경이 꺼져서 몸 안의 명의가 제대로 자기치료를 못 하기 때문이라고 한다.

몸에 열이 많으면 열을 낮추고, 몸속에 나쁜 것이 들어오면 설사로 배출시키는 일 등은 몸 안의 의사들이 알아서 하는 역할인데 고장이 나서 제 기능을 못 하기 때문이란다.

아우의 의학적 신념과 철학은 확고하다. 병은 환자 자신이 고치지 의사가 고쳐주는 것이 아니라는 것이다. 교통사고가 나서 팔다리뼈가 부러진 경우는 외과수술이 필요하지만, 그 밖의 대부분은 병은 몸 안의 의사가 고치도록 해야 한다는 것이다. 그런 의미에서 의사는 조언자에 그쳐야 한다고 한다.

암 환자가 검진하여 암으로 판정이 나면, 수술, 방사선, 항암 치료를 기계적으로 할 것이 아니라, 그것은 앞으로의 큰 문제를 대비하라는 차원에서 받아들이고 몸 안의 의사가 스스로 치료를 할 수 있도록 몸속 환경을 개선하고 도와야 한단다. 그런 환경이란 심리적일 수도 있고, 먹는 음식의 개선과 장 청소일 수도 있다.

우리 몸에 병이 생기는 것은 외부에서 들어오는 세균이나 바이러스에 의하기도 하지만, 그 외에도 몸의 균형이 무너진 데서 온다고 한다. 우리 몸을 컨트롤 하는 건 교감신경과 부교감신경이 담당하는데 그 균형은 5:5로 맞아야 한다고 한다. 그런데 현대를 살아가는 주위 환경은 극도로 혼탁하여 대부분 균형이 무너지고 있다고 한다. 탐욕과 어리석음 속에 묻혀 사는 가운데 무지함까지 녹아들어 신체 기능마저도 전반적으로 균형이 무너지고 있단다.

그 점을 놓고 생각할 때 자기 몸을 사랑하고 자기가 자기 몸의 주인이라는 생각을 가지는 일이 중요하지 않는가 한다. 그것을 생각하면 아우가 역설하는 '내가 우주의 주인'이라는 생각은 지극히 합리적인 생각이며 타당하지 않는가 생각한다. 아우는 수십 년간 침술 공부에 매진해 왔다. 어느 한 시기, 20여 년 전에는 자취를 감추고 산에 들어가 수양하면서 재야의 침술고수들을 찾아다니며 정진했다.

허준 선생이 '동의보감'을 집대성했듯이 모든 침구 법을 자기 것으로 종합하였다. 그러한 자신감으로 아무런 연고도 없는 중앙아시아 카자흐스탄으로 건너가 자리를 잡았다. 그곳으로 갈 때는 '홍채진단법'이라는 신기술을 장착하였다.

낯선 나라에서 정착한 만큼 아우는 종종 이런 말을 한다. "어떤 순간에 누가 암에 걸려 누군가의 의사에게 자기 몸을 맡겨야 할 경우가 생긴다면 나 같은 대체의학자가 그중 한 사람 아니겠냐."라고.

그러면서 강조를 하는데, 일반인들은 우습게 보는 사람이 있을지 모르나 침술을 하는 입장에서 우리 전통 침 뜸이야말로 하느님의 의학으로서 수천 년 동안 이어온 그만한 근거와 근본을 가지고 있다고 한다. 그것을 계승한 대단한 자부심을 지니고 있다.

그 바탕 위에서 힘주어 말한다. 환자는 자기를 사랑해야 한다는 것이다. 그래야 병을 고칠 의지도 생기고 각종 홍보와 유혹이 쏟아지는 세상에서 깨어날 수 있고, 남의 생각이나 의도에 꿰어서 넘어가지 않는다는 것이다.

아우의 이 책에서 '자기 몸은 자기가 주인이다'라는 것을 특별히 강조하는데 이것 하나만이라도 깨달은 다면 책을 접한 소득이 있지 않나 생각해 본다. (2024)

내 몸의 주인

　내 몸은 내가 주인이다. 내 몸은 나를 대표하며 나의 존재의미를 상징한다. 앞서 붙여진 이름, 사회적 지위나 명칭도 물론 자기를 대신하며 존재를 상징하지만, 직접 나를 나타내는 것은 몸뚱이니만큼 몸만큼 확실하게 나를 대변해 주는 것도 없다.
　그래서일까. 예로부터 사람들은 愛以身(애이신) 즉, 내 몸을 사랑하라고 하였다. 그런데 내 몸 중에 나를 가장 상징하는 것은 얼굴이다. 그것은 다음의 예로서 증명이 된다. 사람은 부끄러운 행동을 하면 얼굴부터 가린다. 얼굴만 가리면 최소한의 창피를 면한다고 생각한다. 해서 자고로 이런 말도 전해진다. '내 몸에 얼굴이 없다면 무슨 걱정이 있겠으며 부끄러울 것이 있겠는가.'
　그만큼 사람들은 몸과 얼굴을 가지고 있어 함부로 행동할 수 없게 한다. 그런데 우리가 사는 세상은 온갖 유혹들이 독버섯처럼 자리 잡고 있어서 긴장하며 살아가지 않을 수 없다.

유혹에 넘어가지 않으려면 중심을 확고히 잡는 가운데 흔들리지 않는 의지가 중요하다. 자기 몸은 자기가 끝까지 책임을 진다는 투철한 각오와 신념이 필요하다. 그러한 의지, 자기 몸은 자기가 주인이라는 주체적 생각을 드러낸 것으로 우스갯말이지만 연관 지어 스치는 이야기가 있다.

어느 고을 여인이 간음을 하여 고소당해 조사를 받게 되었다.

조사관이,

"왜 간음을 했느냐?" 하니,

"내 몸 가지고 내가 한 일을 나라가 왜 간섭하느냐?"

대답했다. 그것이 옳고 그름의 여부를 떠나서 눈여겨볼 것은 자기가 자기 몸의 주인이라는 확고한 의지(?)를 표명했다는 점에서 눈여겨 지는 부분이다.

주변 사람들을 보면 바르게 줏대를 세우지 못하고 풍타낭타(風打浪打), 그저 바람 부는 대로 물결치는 대로 살아가는 사람들이 있다. 어느 재벌 총수가 국회 오공(五共) 청문회에서 권력자에게 돈을 바친 것은 시류(時流)에 따랐다고 말한 것과 같이 남들이 하니 따라서 하는 세상 사람들이 보이는 공통된 모습이다.

우리가 살아가는 사회의 모습은 대체로 보건대 두 가지 축에 의해 움직인다. 하나는 어떤 특정 집단이 구조적으로 이너써클을 형성하여 여론을 주도하여 따르게 만들고, 다른 하나는 일시에 일어난 유행이 온 세상을 뒤덮어서 전에는 듣지도 보지도 못한 어떤 현상을 만들어 놓는다.

그렇다 해도 그게 단순히 물질적인 것, 어떤 현상을 조금 변형시킨 것이라면 크게 탓하거나 문제 삼지 않아도 될 것이다. 그렇지만 그것이 사람의 생명 문제, 목숨을 빼앗거나, 건강을 해치는 데 작용한다면 심각하게 우려를 표하지 않을 수 없다.

그런데 불행하게도 그 현상은 안 좋은 쪽으로 나아가 사람의 생명과 가장 지근에 있는 의료분야에서 많이 나타나고 있어 걱정이다. 그 메커니즘은 거대하면서도 촘촘하게 짜여 사람들을 부지불식간에 포로로 만들고 있는 실정이다. 정신을 바로 차려서 깨달으면 좋은데 현실태는 그렇지 못하다. 속절없이 이끄는 데로 끌려다닌다.

사람들이 자기 몸에 대해 주체적으로 확고히 주인의식이 없다 보니 일어나는 현상이다. 1970년대만 해도 혈압의 정상 수치는 수축기 160 이완기 95였다. 그런데 지금은 그 수치가 대폭 낮아져서 130만 넘어도 고혈압 군으로 분류되어 약을 먹도록 한다.

1999년 2월 4일 WHO에서는 90-140을 고혈압 기준으로 정했다. 그 이전 즉, 1999년 2월 4일 이전에는 95~160을 고혈압으로 보았다. 얼마나 문제가 있는 것인가. 이것은 대저 누구를 위한 변경인가. 누구를 배불리려고 한 조치인가. 혈압약과 당뇨약, 고지혈과 암, 자가면역 질환의 약들은 거의 다 다국적 거대 제약회사가 장악하고 있다. 최근에 일어난 코로나19만 해도 진단기나 처방 약을 그들이 독점했다.

아프리카 국가 등 저 개발 국가에서 사람들이 죽어 나가며 아우성을 쳐도 그들은 꿈쩍도 하지 않았다. 도움을 주기는커녕 이익을 취하는 데만 몰두하였다. 들리는 말에 의하면 우리나라에서 이런 의약품으로 빠져나가는 의료비는 한 해 10조 원이 넘는다는 말도 있다.

얼마나 크나큰 국부의 유출인가. 나이 들어 혈압이 높은 것은 당연하다고 한다. 노화로 인해 혈관이 좁아지고 피가 탁하여 심장에서 피를 내보낼 때 그만큼 압력을 높이지 않으면 아니 되기 때문에 일어나는 현상이라고 한다. 그런데도 억지로 낮추는 처방을 하면 어찌 되겠는가.

사람의 인체는 스스로가 판단하여 나쁜 쪽으로 작용하지 않는다고 한다. 몸속에는 외부에서 침입하는 세균이나 바이러스를 물리치는 백혈구가 활동하고, 거기에다 100명이 넘은 명의가 있어(히포크라테스 말) 스스로 치료를 열심히 한다고 한다. 이를 믿어야지 무엇을 믿는다는 말인가.

몸속에서 활동하는 유익균이나 백혈구, 몸속의 의사가 위험을 감지하면 반드시 경고신호를 보내는데, 이것을 병으로 생각하고 그 신호 자체를 대증요법으로 처치할 것은 아니라는 것이다. 물론 골절되거나 부러지면 수술을 해야 하고, 그밖에 나쁜 부종은 도려내야겠지만 모든 것을 외과수술로 할 것은 아니라는 것이다.

오늘날 질병이 많아진 것은 오염된 환경 원인도 크다고 한다. 거기다가 생활 향상으로 생겨난 육식 문화, 가공식품 범람, 그리고 경쟁 사회에서 받은 스트레스, 탐욕과 미움 같은 노여움이 쌓인 탓도 크다고 한다.

육식 문화 하나만 들어보아도 사람은 본래 채식하도록 신체 구조가 만들어졌다고 한다. 그것은 다른 짐승을 잡아먹고 사는 호랑이나 사자가 물어뜯기 좋도록 송곳니가 발달한 것에 비하여, 사람은 형식상 양쪽에 하나씩만 배열되어 있고, 장기 또한 이들 짐승은 대장의 길이가 1.5미터에 지나지 않는데 사람은 대장과 소장의 길이가 7~8미터에 이른다는 것이다.

그것은 이유가 있다고 한다. 조물주가 사람을 만들 때 채식 위주의 식사를 하는 사람은 장기에서 독소가 많이 만들어지지 않지만, 육식하는 짐승은 독소를 많이 만들어내 그것을 빨리 배출해야 하므로 대장과 소장의 길이가 짧다는 것이다.

그런데 현대 사람들은 어떤가. 독한 독소를 뿜어내는 육식을 일상화하고 있다. 그러니 긴 장기에다가 독을 품고 사는 격이니 병이 없을 수가 있겠는가. 만병의 근원이 거기서 비롯한 것이다. 만성병이나 고질병, 암은 모두가 피의 오염에서 생기는 것으로 추측되는 바, 인체 시스템을 생각해 볼 필요가 있지 않은가 한다.

사람들은 아프면 병원이나 약국으로 달려간다. 내 몸 안의 명의를 믿지 못하고 내려 준 처방전을 들고 수술실로 달려가거나 약국에서 약을 타 먹는다. 자기 몸은 자기가 누구보다 잘 알 텐데도 자기를 믿지 못하고 이끌려 산다. 환자는 깨어나야 한다. 내 몸 안의 명의를 믿을 것인가. 아니면 촘촘하게 드리워진 카르텔 속에 합류하여 내 몸을 다른 이에게 맡길 것인가. 지금은 각자도생의 시대이다. 깨어나지 않으면 누군가가 차려놓은 제단, 그 희생물이 되어 자기도 몰래 죽음의 행렬에 동참하게 된다. 그것을 생각하면 석가모니 말씀을 되새기지 않을 수 없다.

"새들이 그물에 걸리는 중에 빠져나가 사는 녀석이 있는 것처럼 깨어나야 한다."

얼마나 의미심장함을 품고 있는 말인가. 내 몸의 주인은 오직 나라는 생각을 잊지 않을 때, 총명이 살아나서 바른 판단으로 심지를 굳혀서 살아가게 되지 않을까 생각해 본다. (2024)

승려의 수행정진(修行精進)

　날씨 화창한 가을날, 인접 고을 선암사를 찾았다. 사찰로 접어드니 입구에서부터 줄지어 선 돌감나무들이 가을 햇살을 받아 주렁주렁 붉은 열매를 매달고 있어 기분을 돋우었다. 그 광경을 보노라니 얼마 전까지 지겹게 내리쬐던 무더위와 열대야가 마침내 물러나는가 싶은 실감이 났다. 대번에 기분이 달떴다.
　동행은 모두 3명. 다른 이들은 우리를 삼총사라 부른다. 나이도 같거나 한 살 터울의 자치동갑이어서 허물이 없는 사이다. 글쓰기의 취향도 같고 공무원으로 봉사하다 정년퇴임을 했다. 80을 앞두고 노후를 즐긴다.
　벗 중에는 마침 차를 소유한 사람이 있어 신세를 진다. 함께 다니면 기름값이라도 보조해야겠지만 그는 어차피 사진을 찍느라 천지사방을 돌아다니고 있어 차려놓은 밥상에 수저 하나 올린다는 기분으로 부담감 없이 이용한다. 그는 유명한 사진작가

이기도 하다. 이날도 그가 '아직 꽃무릇이 있을지 모르겠다'라며 안내를 했다.

우선 사찰 경내를 돌아보았다. 장중한 분위기 속에서 먼저 600년 된 노거수 매화나무가 반기고 역시 오래된 은목서 금목서가 은은한 향기를 내뿜으며 반겼다. 기대하고 간 꽃무릇도 실망시키지 않았다. 절정의 시기는 지났지만, 여전히 여기저기서 얼굴을 내밀고 있어서 폰에 담았다.

이곳은 실로 오랜만에 온 것이다. 그간 몇 차례 방문하기는 했지만, 그때는 주차장이 있는 절 입구쯤에서 머물다 돌아왔다. 그런데 이날은 사진작가인 벗이 사찰 관계자를 잘 알아 차량을 제지 받지 않고 경내까지 들어올 수 있었다.

절에서는 모처럼 진기한 장면도 목격됐다. 행자 신분을 막 벗어난 승복을 입은 40여 명의 승려를 만난 것이다. 선원에서 합동 강습을 받다 공양 시간이 되니 밖으로 나오는 발길이었다. 그들을 보니 인생사 희로애락을 겪고 난 나머지 이 길을 선택했을 것이라는 생각에 마음이 숙연해졌다.

나이는 대중없이 20대에서부터 60대까지 다양했다. 살면서 무슨 곡절과 사연이 있었을까. 모르긴 해도 스님이 되기로 한 이유는 마음속에 안고 살아, 늘 체증처럼 엉겨 붙은 고뇌와 번민을 털어내지 못한 까닭이 아니었을까.

그 가운데는 가끔 세속의 삶에 실망하거나, 사랑에 실패하고 경제적인 어려움을 겪은 사람도 있을 것이고, 삶의 진정한 의미를 찾아 참 진리를 탐구해 보려고 찾아온 발길도 있을 것이다.

그들의 모습에는 각기 다른 얼굴만큼이나 가슴속에 여러 사연이 새겨져 있는 듯 보였다. 목에는 한결같이 '묵언(默言)이라고 쓰인 표찰을 걸고 있었다. 모름지기 수행이란 말 없는 가운데 깨우쳐가는 과정이라는 것을 보여주는 듯했다.

머리를 일색으로 깎았는데 그 모습을 보니 옛날 학생 잡지에서 보았던 어떤 '난센스' 말이 떠올랐다. '스님이 머리를 깎은 이유는 무엇이게?' 하는 질문에, '긴 머리카락은 안테나 구실을 하여 잡다한 생각이 한꺼번에 들어옴으로 그것을 미리 방지하기 위한 것이다.'라는 답글이 달렸다. 그것이 압권이어서 기억하고 있다.

어릴 적 그것을 보고 그럴듯하다고 생각했는데 사미승들이 줄지어 걸어가는 모습을 보니 정말 삭발 이유가 그러한 발상에서 생겨났는지 모른다는 생각도 스쳤다. 그러나 합리적인 생각은 머리를 깎아 머리 감는 시간을 줄여서 수행에 용맹정진하라는 뜻이 더 있는 것이 아닌가 한다.

그때 사진작가가 기막힌 한 컷을 건졌다. 김 선생이 스님들 앞에서 손을 들어 올린 모습이 찍혔는데 제목을 그럴듯하게 달렸다. '스님 교육 중' 그런데 그것은 실은 다른 행동이 포착된 것이다.

기둥 주련 글씨에 '巍'자가 적혔는데 한자가 생각나지 않아 묻고 있었다. 그러니까 작품이라는 것은 여러 가지로 해석이 가능해야 좋은 평가를 받을 수 있지 않을까 생각된다. 사실로 그러하기도 한 것이다.

명화로 널리 알려진 레오나르도 다빈치의 '모나리자의 미소'도

표정이 각도와 보는 사람 마음에 따라 달리 보이고 해석이 다양하기로 유명한 것이다.

과연 찍은 사진에 제목을 그렇게 다니 멋지게 보였다. 지적하여 물으니 스님 중 한 분이 말했다. "이 한자는 높을 '외' 자입니다." 그래서 배울 것 많은 세상에서 또 하나의 지식을 습득하게 되었다. 한자는 어렵다. 같은 글자도 음을 달리하고 거기에 변이 추가되면 전혀 다른 글자가 된다.

이 글자는 성씨 위(魏) 위에 뫼 산(山)이 붙었는데, 글자가 달라졌다. 빼어난 외로도 읽히는데, 거기다가 산(山)을 추가하니 높다는 것을 강조하여 더욱 높을 수밖에 없는 일이겠다.

그로 보아 공부하는 선원에서 높고 높은 불법을 배워 수양하고 대중을 깨우치라는 뜻이 담긴 것이 아닌가 한다. 한데 높은 것을 뜻하는 글자가 있으면 반대로 낮은 글자도 있게 마련이다, 철(凸)이 있으면 요(凹)가 있듯이 낮은 것을 뜻하는 글자로는 또 다른 글자 예(穢)가 있다. 이 글자는 깊고 넓은 외, 물 많은 회, 흐릴 예, 그물 던진 소리 활 등으로 읽힌다.

이날 나는 여러 가지를 구경했다. 낙안읍성에 들러 백중놀이 한마당인 농악놀이와 성 쌓기 시연, 그리고 인근에 있는 한창기 선생의 생활사박물관을 돌아보았다. 그러나 그것들은 과거의 일을 재현하고, 과거에 쓰던 물건을 보여주는 것이지만 절집에서 만난 공부하는 사미승은 현재를 살아가는 단면을 보여주는 모습이어서 인상에 많이 남았다.

사람으로 태어나 살면서 무엇이 가장 중요한 것일까. 어떻게 살면서 무엇을 추구하며 사는 것이 가장 중요한 것일까. 그것을 떠올리니 공부하는 사미승들의 모습이 많은 것을 생각하게 하였다. 우리는 흔히 부처님의 가르침을 뚝 잘라서 한마디로 탐진치(貪瞋癡)로 이해한다. 무엇을 욕심내어 탐하지 말고, 미워하지 말며, 어리석게 살지 말라는 말로 받아들인다.

그러나 그렇게만 받아들이는 것은 얼마나 경박하고 공허한 것인가. 채워지는 내용물이 있어야 하는데 그것은 없는 것이 아닌가. 적어도 수행자의 자세가 아니더라도 더 깊이 생각하고 진지하게 깨달아 가는 과정이 있어야 하지 않겠는가.

그러한 생각이 들어서인지, 그들이 목에 걸고 있는 묵언 글씨가 여간 무겁게 보이지 않았다. 애초에는 가벼운 마음으로 찾아간 발길이었는데 돌아올 때는 수행하는 스님들 모습이 자꾸만 어른거렸다. 수계를 받은 스님이 화두 하나씩 간직하듯 자신을 돌아보는 화두를 받고 돌아오는 기분이었다. (2024)

득음(得音)의 소리

내가 한 번씩 찾아가는 식당 중에는 '지음(知音)'이라는 상호를 가진 곳이 있다. 중국 고사에 나오는 거문고의 귀재인 백아와 그 소리를 잘 알아들은 종자기에서 따온 듯한데, 나는 그 식당의 상호를 대하면 어김없이 떠오르는 연관어가 있다.

그것은 바로 득음(得音), 판소리를 배우는 수련자들이 목을 단련하기 위해 인간 한계치에 닿도록 절차탁마를 하는 것인데 그 고비를 넘기면 마침내 독창적인 소리를 내게 된다. 일반인들은 잘 모르겠지만, 나는 어렸을 적부터 많이 듣고 자랐다.

그것은 내가 태어난 고을이 바로 소리의 고장이기 때문이었다. 일찍이 보성에는 걸출한 소리꾼이 있었다. 박유전(1835~1904) 선생과 정응민(1896~1964) 선생으로 박유전 선생은 서편제의 비조로 불리며 구한말 국창으로 크게 활동했다.

한편, 선생의 제자인 정응민 선생은 회천 도강에 살면서 보성

소리를 완성하였다. 그 마을은 내가 사는 마을에서 고개 하나만 넘어가면 나오는 곳이었다. 그의 문하생들이 흰 한복을 갖춰 입고 신작로 길을 따라서 그곳으로 향하는 것을 많이 목격했다. 당시 교통이라는 것이, 기차를 타면 득량역에 내려서 행선지로 가게 되는데, 외지에서 찾아온 제자들은 우리 마을 앞 신작로를 걸어 다녔다.

그러한 연고로 일찍이 득음이라는 말을 얻어들었다. 득음의 현장을 직접 목격한 적은 없지만 들은 바에 따르면, 제자들이 수련하는 곳 가까이 있는 폭포수를 찾아가 목을 단련한다는 것이었다. 그러는 과정에 목에서 피가 나면 삭힌 인분 속에 대나무통을 묻어 스며든 것을 마신다는 말을 들었다.

그 말을 들은지라 나는 어느 날 벚나무와 후박나무가 터널을 이룬 아파트 모퉁이를 돌아서다가 나뭇가지 앉아 울고 있는 매미 울음소리를 듣고서 문득 득음을 떠 올렸다. '차르르 차르르' 하고 우는데 소리가 무척 경쾌했다. 녀석은 우는소리로 보아 참매미 같았다. 한데 그때 녀석이 '찍' 하고 오줌을 내갈겼다.

그렇지만 나는 놀라지 않았다. 왜냐하면, 전에 어디서 매미가 나무에 주둥이 박고 수액을 빨아먹다가 배가 차오르면 소피 가리지 못한 아이처럼 아무 곳에나 배출시킨다는 말이 있었기 때문이다. 그것을 보면서 특별한 체험이라는 생각에 신기하게 생각되었다.

매미의 울음소리는 약간 쇠되게 들려왔다. 그 우렁찬 소리가 마치 소리꾼의 수련된 목소리처럼 느껴졌다. 그래서 자연스레 소리꾼의 득음 과정이 떠올랐는지 모른다. 사람은 목 안의 성대에서 소리가 나지만 매미는 그렇지 않다고 한다. 배 아래에 붙은 두 개의 진공 막을 움직여 소리를 낸단다. 소리를 내기 위해 매미는 늘 뱃속을 비워둔단다.

땅속에서 7년 동안 나무뿌리 수액을 빨아먹고 살다가 땅 위에 올라와 탈피하는 기간은 기껏 한 달. 매미는 번데기 과정을 거치지 않는다. 바로 굼벵이 상태에서 우화등선(羽化登仙)하여 한철 노래를 하다 죽는다.

나는 매미 울음소리를 듣다가 잠시 자신을 돌아보았다. 내가 하는 일은 오직 수필 쓰는 일. 그 수필 인생도 35년을 넘어서고 있다. 문청 시절까지 합치면 60년이 넘는다. 한데 매미로 치면 얼마나 득음한 것일까. 득음하여 독자에게 감동을 주는 글을 쓰고 있는 것일까.

흔히 좋은 수필의 조건을 들어 새로운 소재, 새로운 표현 기법, 그리고 감동을 얼마나 담아내느냐를 든다. 그렇다면 나는 얼마나 그 조건에 부합한 글을 써온 것일까. 독자가 읽고 나서 공감하며 미소 짓게 하는 글을 쓰기나 한 것인가. 혹여 독자를 배려하기보다는 자기도취에 빠진 나머지 개념 없는 것을 배설하지나 않았던가.

짝을 찾아 지상에서 겨우 한 달을 저토록 울어대는 매미도 목청이 터지라 울림을 주는데 나는 그간 음풍농월이나 허튼 글쓰기를 한 건 아니었을까. 매미의 울음소리를 들으며 새삼스레 자신을 돌아보며 반성을 해본다. (2024)

어떤 울림

"아이고 다행이다."

이것은 어디서 내가 직접 들은 말이 아니다. 우연히 배달된 신문을 읽다가 마주친 문구이다. 신문은 통상적으로 어떤 사건이나 내용을 전달하는 것이 보통이지만 그 기사는 달랐다. 이야기 속으로 빠져들게 하였다. 그래서 대번에 시선을 모으고 읽어보게 되었다.

내용은 복잡하지 않다. 연세대학교 내에서는 2년 가까이 분쟁이 있었던 모양이다. 청소노동자들이 '생활임금 보장'과 '인원 감축 반대'를 내세워 시위를 이어온 것이다.

기사를 보면 그 중심에는 노조 분회장인 김현옥(69세) 씨가 있다. 이들은 최소한의 임금 보장과 인원 감축을 반대하며 학교 당국을 향해 손팻말을 드는 한편으로 소형 앰프를 동원하여 종종 구호를 외쳤다.

사회의 대표적인 약자로서 계란으로 바위 치는 식이지만 그렇게라도 하지 않으면 아니 되는 절박함이 있었다. 개선사항을 수차례에 걸쳐 학교 당국에 요구했지만, 오불관언, 들어주지 않았다.

그들은 하는 수 없이 피켓에다 '인간답게 살고 싶다. 생활임금 보장하라', '인원 감축, 학내구성원 안전할 권리 무참히 짓밟힌다.' 등을 쓰고 시위에 나섰다.

이를 두고 대부분 교수와 학생들은 응원을 해주었지만, 일부 학생들은 못마땅하게 여겼다. 이들은 학습권 방해를 이유로 고소하기에 이르렀다. 바로 '아이고 다행이다'라는 발언은 그 결과를 받아보고 한 말이었다. 학내 소란 문제는 일찍이 불송치 처분이 나왔고 손해 배상 청구 소송이 남았는데 이것을 법원이 무죄 판결을 내린 것이다.

김현옥 노조위원장이 이 학교에 청소노동자로 들어온 것은 2008년이었다. 이전에는 미싱 일만 30년을 했다. 그는 노조 활동을 싫어했다. 그런데도 노조위원장이 된 건 학생들이 먼저 다가와 "노동조합이 필요하다"라고 손을 내밀어 주었기 때문이었다. 해서 얼떨결에 중책을 맡게 되었다.

여기서 잠깐, 내가 이 기사에 필이 꽂힌 이유가 있다. 바로 아들이 이 문제와 관계되는 것이다. 지금 희망제작소 소장직을 맡은 아들은 일찍이 그곳의 사외이사를 하고 있었다. 대표적으로 대학교 비정규직인 청소노동자 문제에 눈을 돌려 힘을 써왔다.

해마다 외주를 주어 근로계약을 체결하는 불편과 이에 따른 고용 불안정을 해결하기 위해 대학 자체에서 자회사 형태로 노조를 설립하는데, 앞장섰다. 그리하여 마침내 경희대학교에서 소위 '경희모델'이라는 것을 출범시켰다. 이 제도는 이제는 전국의 모든 대학교에서 활용한다. 그로 인해 문재인 정부 출범 시에는 인천공항의 비정규직을 정규직으로 바꾸는 추진위원회에도 들어가 활동했다.

우리나라는 뭐니 뭐니 해도 갑질이 문제다. 강자에게는 관대하고 약자에게는 가혹한 것이 사회 현실이다. 이것이 시정되지 않는다면 아무리 경제적으로 부유해지고 문화가 꽃핀다고 해도 선진국이 되기는 어려울 것이다.

우리 사회는 현재 가치관이 많이 전도되어 있다. 자기만 잘살면 된다는 생각, 돈만 많이 벌면 된다는 생각, 약자는 무시해도 된다는 생각이 팽배해 있다. 심각한 문제가 아닐 수 없다. 오죽했으면 서울대 석좌교수 최재천 선생 같은 경우는 서울대 학생들을 향해 '자기만 잘살아야 한다는 생각을 버리라'라고 했을 것인가.

알고 보면 연세대 청소노동자 문제도 약자를 무시하는 갑질에서 비롯된 것이다. 학교 당국은 그렇다고 하더라도 교내에서 외치는 소리가 시끄럽다고 고소를 하고 '수업권 침해'을 들어 손해배상 청구 소송을 낸 것은 얼마나 이기적이며 공감력이 떨어진 것인가.

약자를 생각하라는 것이 아니다. 사회 구성원으로서 그 정도의 공감력도 없다는 말인가. 그래서야 어찌 더불어 살기를 바란단 말인가.

그에 비하여 다수 학생이 응원하고 사건을 접수한 경찰이 죄가 안 된다며 불송치 하고, 법원이 무죄판결을 내린 것은 잘한 일이 아닌가 한다. 아직도 사회 구석구석이 문제가 많지만 그럼에도 불구하고 건전하고 올바른 사회 시스템이 작동하고 있다는 생각에 안도가 된다.

김현옥 씨가 손해 배상 청구 소송 패소판결이 나온 후 한 일이 인상적이다.

"소송을 낸 학생들을 원망하지 않아요. 노동이고 권리고 몰랐던 걸 알려준 것도 연세대 학생이었고, 결국 학생들의 도움이 없었다면 여기까지 올 수도 없었기 때문이에요."

이 사건을 대하면서 새삼스럽게 공감 능력과 사람이 살아가며 필요한 마음의 힘이 무엇일까를 생각해 보게 된다. 그러한 공감 능력이란 타인의 감정을 이해하고 수용하며 이에 맞추어 행동하거나 반응하는 능력이다. 사람은 대인관계를 하지 않고는 살 수 없는 존재이기에 이것은 살아가면서 매우 중요하다.

남들이 똑같이 생각하고 느끼는 것을 공유하지 못한다면 이단아가 될 수밖에 없다. 심리학에서 사람에게 필요한 것은 다섯 가지 요소라고 한다.

관심을 가지고 주의를 유지하는 주의집중력, 생각하는 사고력, 감정을 인식하는 감수성, 행동하는 힘, 그리고 치유력이다. 이 모든 것은 결국 가족관계, 친구 관계, 직장 관계 전반에 걸쳐 교류하는데 필요한 요소이다. 고소를 한 학생들은 인간관계에 필요한 인성 면에서 결여된 점이 있는 것 같아 씁쓸함을 준다. 그래서인지 상대적으로 '소송을 낸 학생들을 원망하지 않는다'라는 김현옥 씨의 말이 크게 울림을 준다. (2024)

아주 특별한 감정 이입

1.

추석날 아침이었다. 작년에 세상을 떠난 아내를 위해 차례상을 차리고 베란다를 보니 낯선 꽃이 피어있었다. 추석 전날까지도 아직 봉오리를 머금은 채 피어있지 않던 것이다. 커다란 꽃송이 하나가 마치 보름달처럼 환했다. 꽃 이름은 무늬 아마릴리스.

서둘러 물어서 나중에야 안 이름이지만, 나는 그것을 사 오기는 했지만 이름도 잊고 있었다. 봄철에 화원을 지나다가 양파를 닮은 구근(球根)이 있기에 사 왔었다. 그것이 차차로 자라더니 군자란 잎처럼 넓은 잎사귀를 내밀었다. 그렇지만 설마 꽃을 피우리라는 건 생각도 못 했다.

"이런 특별함이라니"

서둘러 모임을 함께한 카톡방에 사진을 올려 꽃 이름을 물었다. 거기서 한 지인이 이름을 알려준 것이다.

나는 아내를 작년 12월 9일 저세상으로 떠나보낸 후 사진을 감춰놓고 지냈다. 그러다가 지난달부터 꺼내어 거실에 걸어두고 있다. 처음에는 좀 주저했지만 걸어두니 함께 있다는 생각이 들어 든든하기도 하다.

그 사진 밑에다 추석을 맞아 간단히 차례상을 차렸다. 생선만 갖추지 못했을 뿐, 과일을 고루 놓았다. 인사는 묵례로 대신에 하고, 사진을 바라보았다. 사진 속에서 아내는 환하게 웃고 있다. 하얀 치아를 드러내고 근심 없는 모습이다.

그렇지만 아내는 긴 병마와 투병했다. 무려 스물두 해를 침상에서 누워 지냈다. 뇌졸중이 찾아와 몸을 부린 후 한 발짝도 걷지 못했다. 나는 그 생활을 온전히 아내와 함께했다. 처음 3개월은 응급실에서 쪽 의자를 놓고 함께 잤다. 그 과정에서 급히 실려 온 환자들이 죽어 나가는 광경도 여러 차례 목격했다. 그렇지만 무섭지 않았다.

오직 나는 쓰러진 아내가 다시 일어날 수 있도록 차도에만 관심이 있었다. '초기이니 사항을 써보겠습니다. 좀 비싼데 괜찮겠습니까?' 다급한데 돈 들어갈 것을 걱정할 계제가 아니었다.

그런데 그게 만만한 가격이 아니었다. 사람을 살렸다면 아까울 것이 없겠지만, 결국 실패한 후유증은 매우 컸다. 병원비를 대느라 사람 노릇을 제대로 할 수가 없었다. 가장 난처한 일은 애경사 소식을 접한 때인데, 부조를 충분히 할 수가 없었다.

그것을 세상 사람들이 알겠는가. 그때의 미안한 부조는 나중에 그대로 갚음으로 돌아왔다. 세상의 눈높이는 틀리지 않아서 그때 내가 했던 금액이 그대로 적용되어 돌아왔다. 그것을 받아들고서 새삼 쓴웃음을 지을 수밖에 없었다.

　수많은 아픔을 겪은 간호 생활. 그때는 하루도 신음을 내지 않은 날이 없었는데, 하늘나라로 떠난 아내는 그 세상이 편안한지 차례상 앞에서 웃고 있었다.

　아니, 실제로 무늬 아마릴리스가 환하게 피어있는 게 아내의 웃는 모습으로만 여겨졌다.

　2.

　재작년 봄날이었다. 날씨가 화창하여 거주하는 아파트 후원으로 나가 벤치에 앉았다. 때마침 벚꽃이 흐드러지게 피어서 꽃대궐을 이루고 있었다. 살랑대는 바람에 떨어지는 꽃비를 맞고 있자니 특별한 감정이 일었다. 주머니에서 메모지를 꺼내 시 한 편을 적어 내렸다.

　　4월 벚꽃 아래

　　청명한 날 벚꽃 아래 벤치에 앉았다
　　명지바람이 건듯건듯 부니 우수수 쏟아진 소리 들린다
　　비가 저리도 멋스럽게 내리면 마냥 좋으리
　　그 생각을 하다가 어릴 적 분이를 떠 올린다
　　치장이라고는 손톱에 봉숭아 물들이던 것이 전부이던

웃을 때면 목젖까지 다 드러내던 아이
고개를 드니 공중에서 그미가 하늘하늘 내려오는 것 같다
혼자가 아니고 친구들과 함께
나는 그런 무리를 보면서 생각한다
멀리 떨어져서 내 시야를 벗어난 것은 내가 모르는 아이 같고
내 머리 위와 무릎 위로 내려앉은 것들은 아는 아이들일까
그런 생각에 얼른 털어 내지를 못한다
실상 그런 것들이 지금껏 그리움이 되지 않았을까
한동안 유정한 눈길을 거두지 못한다

어린 시절 이웃에 입술이 유난히 파란 소녀가 살고 있었다. 어른들의 말에 의하면 가난해 못 먹어서 입에 감창이 났다고 했지만, 지금 생각해 보면 심장이 좋지 않았던 것 같다. 심장이 안 좋으면 병증이 입술에 파랗게 나타나기 때문이다.

그 소녀가 일곱 살을 넘기지 못하고 세상을 떠났다. 그런데 나는 어린 나이에 차마 못 볼 것을 보고 말았다. 분이 할머니가 분이를 업었고 보자기를 덮었는데, 분이 아버지가 앞장을 서고 있었다.

지게에다 보통 크기의 도가니를 지고 있었다. 그것으로도 충분히 안 좋은 일이 생겼다는 것을 느낄 수가 있었는데 등에 업힌 분이의 발이 삐져 나 온 게 보였다. 다리는 늘어져서 덜렁거리고 있었다.

그때 본 광경이 얼마나 무섭고 충격적이었는지 수십 년이 지난 지금도 잊히지 않는다. 그날도 그랬다. 벚꽃 잎이 흩날리는 벤치에 앉아서 나는 분이를 생각하고 있었다.

하늘에서 무언가 전하려는 말이 있는 듯 하늘거리며 내리는데 가까이 와서는 자꾸만 흩어져 버렸다. 그중에 용케 어깨며 무릎에 떨어진 것이 있어 분이를 상상했다. 이 두 가지, 추석날에 만개한 무늬 아마릴리스. 그리고 어깨에 떨어진 꽃잎, 특별한 감정 이입을 시켜준 일이 아닌가 한다.

손녀가 접어놓고 간 종이학

거실의 벽면 텔레비전 위에는 종이학 한 마리가 놓여 있다. 외동 손녀 경진이가 접어놓고 간 것인데 아내가 세상을 떠났지만 그대로 두고 있다. 다른 유품은 거의 정리를 했는데 치우지 않고 있다.

그런데는 사연이 있다. 여덟 살 초등학교 일학년이던 손녀가 기특하게도 할머니의 건강을 비는 뜻으로 만들었기 때문이다. 서울에 사는 손녀는 그간 코로나19의 창궐로 인해 할아버지 집을 다녀가지를 못했다. 그러다가 3년 만에 추석 연휴를 맞아 내려왔다. 손녀는 오자마자 내 품에 안겼다. 그러고는 다시 병상에 누워있는 할머니에게 다가가 인사했다.

"교회에서 할머니 낫게 해달라고 기도하고 있어요."

그 말에 할미는 말을 못 하지만 대신 흐뭇한 미소를 지어 보였다. 그동안 손녀는 자주 대면은 못 했지만 영상통화를 하여 훤히 알고 있다. 어린 것이 그리 말하니 여간 기특해 보이지 않았다.

같이 있다 보니 낯섦이 가셨다. 해서 저녁에 잠자리가 불편할 것 같아서 손녀에게 나와 함께 자자고 제안을 했다. 아비 어미는 작은방에 자게 되니 나 혼자서 쓰는 큰 방은 공간이 넓었다. 전에 한 번 데리고 잔 일도 있어 이를 감안한 것이었다. 그땐 고작 다섯 살이었는데 자면서 약간 잠꼬대를 했지만 별 투정 안 부리고 품에 안겨 잘 잤다.

할아버지와 함께 자자고 하니 "네" 하고 대답했다. 거리감을 좁힌 것은 오랜만에 만나기는 했지만 이미 저를 위해 써둔 동화를 읽어주었던지라 서먹함이 가셨다. 잠자리에 들자 가지고 왔던 작은 램프에 불을 켜고 누웠다. 그런데 그 어간에 제 아비와 어미가 방문을 빼꼼히 열고 손녀에게 묻는다.

"괜찮겠어?"

"응"

한데 그것이 문제였다. 나중에 아이가 부스럭거리며 일어나는 소리가 들려 눈을 떠보니 말을 꺼냈다.

"할아버지, 나 엄마한테 가서 자도 돼요?"

"가고 싶어?"

"네"

승낙을 받고서 조심조심 문을 열고 나갔다.

나는 손녀가 갑자기 마음을 바꾼 것은 순전히 제 아비 어미가 마음을 흔들어 놓았기 때문이라고 생각한다. 왜 그렇게 생각하느냐 하면 전에도 한번 함께 잠을 잤던 일이 있고, 맛난 곶감을 내밀어 유대관계도 형성해 놓았던 것이다. 거기다가 아이는 읽어주는 동화에 크게 공감을 했다.

손녀와 아들, 그리고 나는 별난 공통점이 있다. 나이 끝 숫자가 같은 것이다. 나는 일흔여덟, 아들은 마흔여덟인데 아이는 그냥 여덟 살이다. 그러니까 터울로 보면 아들은 내가 30에 나왔고 아들은 손녀를 40에 나은 셈이다.

내가 들려준 동화의 내용은 동물 가족이 한군데 모여 사는 이야기이다. 늙은 거북이가 어른 노릇을 하는 산속은 다른 것은 다 좋은데 물이 귀하다. 그런데 어느 날 거북이가 옹달샘 하나를 발견했다. 거북이는 기쁜 나머지 산속의 동물들에게 그 소식을 알렸다.

그러면서 물이 부족하니 먹는 순서를 정해주는데 그만 깜박 누룩뱀을 거명하지 않았다. 뱀이 불만을 품고 모가지를 꼿꼿하게 세우자 토끼는 재치 있게 대답했다. 다른 새들과 토끼는 낮에 활동하고 밤에는 잠을 자는데 뱀은 밤낮을 가리지 않고 활동하니 다른 동물이 자는 시간에 실컷 혼자 이용하면 되지 않느냐고 한다.

이 대목에 이르러서 내가 질문을 했다.
"뱀은 눈을 뜨고자 감고 자?"
"뜨고 자요."
대답이 바로 돌아왔다. 그러면서 그것도 모를까 보냐는 듯 말을 덧붙인다.
"뱀은 눈을 감지 못해요."

아마도 동화책에서나 동물의 영상물을 본 것 같다. 그런 질문을 통해서 할아버지는 글을 쓰는 사람이라는 것도 인식시키며 서먹함을 지워버렸다.

손녀가 돌아갈 이튿날이 되었다. 아이가 준비해온 색종이를 꺼내더니 여러 가지 형상과 동물 모양 접기를 시범 보였다. 거기에는 비행기와 바지저고리, 학과 개구리 등 다양했다. 그중에서 색종이로 접은 종이학 한 마리를 탁자 위에 올려놓더니 이렇게 말했다.

"이것은 할머니께 드리는 거예요. 병 낫게 해달라고요."

"우리 손녀 마음씨가 착하네."

"학은 오래 살아요. 그러니까 아프지 않고 나으면 좋겠어요."

그 말에 가슴이 뭉클했다. 극심한 실어증을 겪고 있는 아내도 표현은 못 하지만 그 말을 듣고서 가슴이 뜨거웠을 것이다. 손녀가 떠난 지금, 아담한 종이학을 좀 더 높은 곳에다 옮겨 놓아두었다. 눈에 잘 띄게 하기 위해서다.

이것을 바라보면서 아내는 투병 생활에 지친 몸을 좀 더 추스르지 않을까 한다. 어린 것이 보여주는 행동이 고맙고 기특하다.
(2023)

꽃의 전설

꽃은 어떤 꽃이나 아름답다. 꽃송이가 크거나 작거나 두루 아름다운 화형(花形)을 하고 있다. '그래, 그렇게 생길 수밖에 없겠군' 하고 고개가 끄덕일 정도로 가까이 다가가 보면 기막힌 조형미를 갖추고 있다. 거기다가 색색이 색깔도 다양하게 자기만의 정체성을 들어낸다.

여름이 한창인 요즈음은 어디나 흐드러진 꽃들이 성찬을 벌이고 있다. 자미화 능소화 달리아 접시꽃 백일홍 등이 절정을 구가하고 있다. 그 사이로 키 낮추어 피는 달개비 채송화 메꽃 맥문동도 조화를 이루었다.

꽃은 봄에 많이 피는 것 같지만 실상은 여름에 피는 꽃이 많다. 그래서인지 이즘엔 화단은 물론이고 들녘에도 꽃들이 넘쳐난다. 보기에 꽃들은 꽃대며 꽃받침, 꽃잎과 꽃 수술 모두가 확실하게 자기의 정체성을 드러내며 자기다운 개성을 한껏 자랑

한다.

　우리가 사는 세상에 피어나는 꽃이 없다면 얼마나 삭막할까. 피어나 함께 어우러져 사는 것을 생각하면 여간 고마운 일이 아니다. 꽃은 이름이 있고 꽃말이 있고 전설이 있다. 그것을 상기하며 감상하면 새로움이 느껴진다. 마치 '사랑하면 알게 되고 알면 보이나니 그때 보는 것은 전과 같지 않으리라'라는 말처럼 느낌이 새로워진다고나 할까.

　최근에 나는 그러한 꽃말, 꽃에 얽힌 전설을 찾아보게 되었다. 찾던 중에 가장 눈에 꽂힌 것은 무궁화이다. 〈식물도감〉에 보니 무궁화는 도합 37종이다. 흰 꽃에서부터 붉은 꽃, 그리고 단 잎에서부터 접꽃 등 다양하다. 이름도 계월향 향당심 에밀레 한서 등 여러 가지다.

　부끄러운 일이지만 나는 어렸을 적에 나라꽃 무궁화의 이름을 몰랐다. 그냥 별칭으로 불리는 '눈에 피 꽃'이라고만 듣고 자라서 그렇게만 알았다. 내가 어린 시절을 보낸 시기는 해방은 되었으나 워낙에 시골 벽촌이다 보니 올바른 이름을 모르고 자랐다. 일제가 악의적으로 민족의식을 말살하기 위해 '눈병'을 옮기는 꽃이라고 퍼트린 것을 모르고 어른들을 따라 '눈에 피 꽃'이라고 했다.

　이것은 어느 중심에 심어진 적은 없었다. 한갓진 밭둑이나 울타리 가에서 자생하며 꽃을 피웠다. 그것을 보면서 보기에 꽃이 청초하고 예쁜데 누구 한 사람 신경 써 가꾸지 않는 게 의아했다. 나중에 국민학교 들어갈 무렵에야 이름이 무궁화임을 알았다.

이 무궁화는 전해오는 전설도 슬프고 안타깝다. 먼 옛날 북쪽 지방에 아름다운 여인이 살고 있었단다. 그 여인은 얼굴도 아름다운 데다 문장과 가무에도 뛰어났다, 한데 여인의 남편은 앞을 보지 못한 장님이었다. 그렇지만 여인은 남편을 극진히 사랑했고, 돈 많고 권세 있는 사람이 꾀어도 흔들리지 않았다.

어느 날 그 지방을 다스리던 성주가 여인의 미모와 재주를 탐해 유혹의 손길을 보냈다. 흔들림이 없자 성주는 여인을 잡아들였다. 어떻게든 마음을 돌려 보려 했으나 말을 듣지 않자 성주는 여인을 죽여버렸다. 여인은 끌려갈 때 이미 각오하고 아는 사람에게 만약 자기가 죽게 되면 사신을 자기 집 마당에 묻어달라고 부탁했다. 부탁한 대로 묻어주었더니 그 자리에 나무가 솟아났고 그것이 꽃을 피웠는데 사람들은 이 꽃을 울타리 꽃이라고 했다. 애잔한 이야기인데 그래서 무궁화는 울타리 가에서 많이 피었던 것일까.

한편, 여름꽃 팬지는 세 가지 꽃을 피운다. 노란색과 자주색, 빨간색이 그것이다. 노란색 팬지꽃은 사람이 웃는 모습 같기도 하고 무슨 말인가를 하는 표정 같기도 하다. 이것은 척박한 땅에서도 잘 살아 도로변 화분대에 많이 사용한다.

팬지는 프랑스어로 '생각한다.'라는 꽃말을 가지고 있다. 그래서 인간의 내면을 표현한 화가 루소는, 어느 여인에게 팬지의 그림과 함께 "당신에게 나의 모든 팬지를 바칩니다."라는 편지를 썼다고 한다. 이 꽃에는 세 가지 전설이 전해왔다. 그리스 신화에 따르면, 이 꽃은 처음에는 흰색이었는데 사랑의 신 제우스가 연모하는 시녀의 가슴에 화살을 쏜 것이 그만 실수로 길가의 제비꽃을 쐈다.

그때의 상처로 세 가지 색을 지닌 팬지가 생겼다고 한다. 두 번째는 사랑의 천사 큐피드가 쏜 화살이 하얀 제비꽃의 꽃봉오리에 맞아서 3가지 색의 팬지가 되었다는 것이다. 세 번째는 지상으로 내려온 천사가 제비꽃을 보고 그 아름다움에 놀라 세 번 입맞춤하여 세 가지 색으로 변했다는 것이다. '사색', '나를 생각해 주세요'라는 꽃말을 지닌 이 꽃을 유럽에서는 밸런타인데이에 선물하는 꽃으로 꼽는단다.

자귀나무 꽃은 마치 배드민턴 공처럼 생겼다. 닭털 같은 수술이 부챗살처럼 펼쳐져서 꽃이 핀다. 이 자귀나무는 소가 가장 좋아하는 특식 메뉴다. 자귀나무 이파리를 만나면 코뚜레가 늘어지는 아픔을 감수하고서도 기어이 한입을 베어 물고 자리를 떠났다.

이것은 부부 사랑을 확인하는 꽃이다. 옛날 어느 마을에 황소 같이 힘이 센 '두고'라는 이름을 가진 청년이 살고 있었다. 열심히 일한 덕분에 가난한 삶이 풀리게 되었다. 그는 결혼하고 싶었다. 그렇지만 주위에는 마땅한 처녀가 없었다.

그는 어느 날 산속에서 고개를 넘다가 꽃들이 만발한 집을 발견했다. 그는 꽃에 취하여 자기도 모르는 사이에 집에 들어섰다. 그때 마침 부엌문을 열고 한 처녀가 나왔다. 그는 보는 즉시 사랑을 느끼고 처녀에게 아내가 되어 달라고 청했다.

그리하여 승낙을 받아낸 그는 결혼을 앞두고 열심히 일하였다. 그러던 중, 읍내로 장을 보러 간 두고는 그만 과부의 유혹에 빠져 며칠 집을 비우게 되었다. 두고의 아내는 남편의 마음을 돌리기 위하여 백일기도를 했다. 백일이 되는 날 신선이 나타났다.

"언덕 위에 피어난 꽃을 겪어다 방안에 꽂아두어라."

두고의 아내는 신선의 말대로 꽃을 꺾어다 방안에 꽂아두었다. 밤늦게 돌아온 두고는 방안의 꽃을 보고 그 꽃이 결혼할 때 자기가 아내에게 꺾어주었던 꽃임을 알고는 아내의 사랑을 다시 깨닫고 더욱 열심히 살게 되었다. 그 꽃이 바로 자귀나무 꽃이었다.

이렇듯 꽃들은 꽃말과 전설을 간직하고 있다. 그걸 생각하면 꽃을 그냥 무심히 보아 넘길 일은 아니다. 찬찬히 바라보고 감상하며 꽃말과 전설까지 새겨본다면 풍미가 더해지지 않을까. 제철을 만나 흐드러지게 핀 꽃들을 보면서 그러한 생각을 해보게 된다. (2024)

쑥부쟁이

　산책길에서 발에 차인 쑥부쟁이를 내려다보다가 얼마 전에 부모님 산소에 설치한 상석(床石)을 떠올렸다. 상석 설치가 비교적 최근의 일이기도 하지만 거기에 새겨놓은 어떤 자손의 이름이 눈에 많이 밟혔었다. 부모님 돌아가신 지 오랜 세월이 지나다 보니 고인이 된 자손들이 몇 명 있는데 눈에 밟힌 한 사람의 이름이 새삼 가슴을 아프게 했다.
　그것은 경자(敬子) 누나. 아픈 곳도 없이 갑자기 젊은 나이에 생을 마감하여 결혼도 하지 못하고 후손도 남기지 못했다. 나와는 네 살 터울의 손위 누나였다.
　내 발에 밟힌 쑥부쟁이를 보고 누나를 떠올린 건 살아온 삶이 영락없는 쑥부쟁이 같았기 때문이었을까. 쑥부쟁이는 어디서나 잘 자라는 식물이다. 좋은 터전을 탐하지도 않고 씨가 날려서 뿌려진 곳에 잘도 자란다. 발에 밟혀도 금방 일어나고 땅바닥이 갈

라져도 좀체 시들지 않는다.

　쑥부쟁이를 닮은 누나는 그러나 외양으로 보기에 강건한 체구와 달리 허약했던가. 마음이 여리거나 가슴속에 깊은 병이 들었는지는 몰라도 꽃다운 스물세 살 나이에 쓰러져서 눈을 감고 말았다. 그 이전에는 감기 한번 걸린 것을 보지 못했고, 부지런함이 유난하여 집안일을 거의 도맡다시피 했다.

　집 안 청소며 식사 준비는 물론, 일손이 달리면 지게까지 지고 논밭 일을 거들었다. 그런 틈틈이 통학 거리가 멀어 새벽밥을 먹어야 하는 동생을 위해 밥을 지어주고 옷가지를 챙겨주었다. 그런저런 일을 생각하면 얼마나 바지런하고 정성스럽게 보살펴주었는지를 은공을 갚을 길이 없다.

　누나는 제대로 학교에 다니지 못하였다. 공부에 흥미를 못 느껴 국민학교를 서너 해 다니다가 말았다. 대신에 호미를 들고 밭일을 하는 것이 일상이었다. 부지런하고 욕심이 많아 논에서 우렁이나 강에서 다슬기를 잡아도 나보다는 항상 배 이상을 잡았다.

　누나를 떠올리며 늘 쑥부쟁이 같다고 생각했다. 생활력이 강하여 무엇이나 척척해내서였다. 아니나 다를까 쑥부쟁이는 어지간해서는 죽지 않는다. 줄기가 밟혀도 잠시 혼절할 뿐, 다시 고개를 들고 일어나 빳빳하게 꽃대를 세운다. 쑥부쟁이가 누나를 닮았는지 누나가 쑥부쟁이를 닮았는지 알 수 없는 일이다. 그래서 나는 어디서 쑥부쟁이를 보면 반가운 마음부터 든다. 왠지 낯선 식물 같지가 않고 이웃에 살던 수더분한 누나나 이모 고모 같은 생각이 든다.

전에 이웃에 살던 누나 이모 고모들이 그렇듯이 쑥부쟁이한테도 이웃사촌이 많다. 구절초, 개망초, 씀바귀, 고들빼기, 벌개미취가 그것이다. 이것들은 생태가 비슷하기도 하고 연한 순은 나물로 무쳐 먹기도 하는 거로 보아 같은 계통의 식물로 생각된다.

쑥부쟁이는 잎에 톱니가 있고, 뒷면은 며느리밑씻개처럼 거친 솜털이 돋아있어 훑으면 씀벅거린다. 그것을 보면 밟으면 밟히기는 하나, 건드리면 가만있지는 않겠다는 자존심이 느껴진다. 함부로 대했다가는 줄기에서 나오는 쓰디쓴 유액처럼 본때를 보여준다고나 할까.

상석에 적혀있는 후손을 보니 모두 32명인데, 아직 결혼하지 않는 자손을 제외하고는 누나만이 외톨이다. 그것이 가슴을 찔렀다. 그리 된 연유는 무엇일까. 무엇이든지 세상에는 완벽한 것은 없고, 무언가 흠집을 남긴다는데 누나는 페르시안 돗자리처럼 그렇게 흠결을 남겨놓은 흔적이었을까.

비록 살아생전 후손을 남기지 못하고 간 누나지만 살다간 뜻과 의미는 있는 것은 아닐까 생각한다. 백 년 천 년을 살 것처럼 바쁘게 살면서 짧은 생을 통해서 인생을 덧없이 보내며 허비하지 말라는 본을 보여준 것이 아닐까.

나의 눈에는 그렇게 허망하게 떠난 누나가 '내가 안 좋은 업보는 모두 가져가니 잘들 살아라'라고 하는 것만 같아 길거리서 만난 쑥부쟁이에서 누나의 환영이 비쳐 새삼 발걸음을 멈칫하며 잠시 머물렀다. (2024)

외갓집 추억

　내 유년의 추억 중 가장 잊히지 않는 것은 외갓집을 혼자서 다녀온 일이다. 초등학교를 들어가기 전에는 어머니를 따라 처음 다녀온 후로 아홉 살 때 혼자서 다녀오게 되었다. 버스를 타면 중도에서 내리는 법이 없이 곧장 가게 되어서 감행을 했다.
　외갓집은 내가 사는 시골집과는 달리 읍내 중앙에 있어서 정류소에 내리면 곧잘 찾아갈 수 있었다. 그래서 보내는 어머니도 안심하고 떨쳐나선 나도 별 두려움이 없었다.
　장흥 읍내 외가를 가려면 시골 벽촌에 사는 나는 '군머리'라는 먼 사거리까지 걸어가야만 했다. 집에서 대략 4Km 남짓한 거리로 아이의 보행으로는 벅찬 거리였지만 오직 외갓집에 간다는 설렘으로 지루하거나 피곤한 줄을 몰랐다.
　처음으로 어머니를 따라나설 때는 별 신경을 쓰지 않았다. 든든한 보호자가 계시니 치마꼬리만 놓치지 않으면 된다는 생각으로 의기양양했다. 그렇지만 혼자서 가게 될 때는 다소 걱정이 앞섰다. 전화도 없던 때라 길이 어긋날지 몰라 여러 차례 어머니가 일러준 말씀에 귀를 세우고 경청을 했다.

혼자서 가게 되었을 때다. 별교에서 장흥을 오가는 금성여객을 타기 위해 군머리에 도착했다. 당시는 비포장도로라서 차가 한 번씩 지나가면 일대가 흙먼지로 뒤덮였다. 차체에 붉은 띠를 두른 버스가 마침내 눈앞에 나타났다. 머리가 트럭처럼 불쑥 튀어나온 차인데. 내가 차에 오르자 어머니가 꼭두새벽에 일어나 만드신 떡 동구리를 창문 안으로 밀어 넣어주었다.

손을 흔들 사이도 없이 버스는 금방 먼지를 일으키더니 내닫기 시작했다. 뒤를 돌아보니 흙먼지를 뒤집어쓴 어머니가 자리를 뜨지 않고 그대로 서 계셨다.

이렇게, 젊은 청춘은 처음으로 고향을 떠나는 이소(移巢)의 경험을 했다. 내가 외갓집에 가는 걸 감행한 것은 순전히 외할머니 때문이었다. 외할머니는 이야기 박사로 모르는 이야기가 없었다. 뛰어난 구연동화 할머니로, 사람들의 음성을 자유자재로 구사하고, 짐승 소리며 온갖 새소리도 기막히게 잘 내셨다.

어려서 내가 들었던 이야기로는 강태공 이야기, 지네와 관련된 김자점 이야기, 독살새 이야기, 바보온달 이야기 등등. 처음 외갓집에 갔을 때의 풍경을 잊지 못한다. 마당 가에 채송화가 피어 있고 부엌 한쪽에는 왕겨가 가득했다. 아궁이에다 왕겨를 집어놓고 풍로로 바람을 불어넣는 것이 여간 이색적이지 않았다. 아마도 땔감을 자유롭게 구하기 어려운 여건상, 그것을 이용하신 것 같았다. 그 연기가 어찌나 메케하고 따가운지 지금도 잊히지 않는다.

내가 떡을 내려놓자 외할머니는 함박웃음을 지으며 말씀하셨다.

"니 에미는 귀찮게 이것을 해서 보냈다냐."

그러면서 식구들을 불러 모아 떡 잔치를 벌였다.

그때 외갓집에는 과년한 이모가 있었다. 어머니의 처녀 시절의 모습을 빼어 닮은 이모였다. 내가 가던 날 이모는 다른 처녀와 함께 수틀에 고개를 묻고 수를 놓고 있었다.

그런데 그러고 나서 다음 해이다. 당시 교편을 잡고 있던 나보다 열다섯 살이 많은 사촌 형님이 결혼하고 신부가 도착했을 때다. 친인척이 모였는데 보니, 형수가 바로 내가 외갓집에 갔을 때 이모와 함께 있던 그 아가씨였다.

내가 전후 사정을 여쭈어보지 않아 모르지만 아마도 외할머니께서 중신하지 않았나 생각한다. 한 일가붙이로서 같은 동네에 살아 양가를 잘 아시기 때문이다. 나중에 반가운 모습을 다시 뵈니 무척 반갑고 신기하게 여겨졌다.

뒤돌아보면 70여 성상도 넘은 오래 적 이야기다. 지금은 세월이 많이 흘러 그때 건장하신 형님도 돌아가시고 꽃다운 형수님도 세상을 떠나셨다.

외갓집을 생각하면 잊히지 않는 일이 더 있다. 외삼촌은 내가 가면 나를 데리고 고기잡이에 나섰다. 소위 피리 병이라는 물고기잡이 용 유리병에 된장을 풀어서 놓아두면 피라미들이 들어가는데 그것을 적쇠에 소금을 뿌려 구워주었다. 그 맛의 기억을 잊을 수가 없다.

　하루는 할머니를 따라서 물을 맞으러 갔다. 집에서 한참을 걸어가니 깊은 골짜기가 나타나고 그 끄트머리에 물줄기가 그리 굵지 않은 폭포수가 쏟아지고 있었다.

　그 속으로 들어가 사람들은 수건을 머리에 쓰고서 물을 맞았다. 어린 내가 보아도 아프지 않고 맞을 만했다. 물을 맞고 나서는 삶은 계란을 먹었는데, 외할머니는 지켜보며 "언친다. 천천히 묵어라" 말씀하셨다. 옛날을 떠올리면 그러한 기억들이 새록새록 생각이 난다.

　돌아보면 내가 처음 이소를 시작한 지도 어언 70년이 지났다. 그동안 나는 직장생활을 하느라 얼마나 떠돌아다녔던가. 젊은 시절은 1년이 멀다고 직장을 옮겨 다니며 이사도 십여 번이 넘게 했다. 그런 동안에 청춘은 지나가고 지금은 추억을 곱씹고 사는 노인이 되었다.

　이제 고향에 가면 내 또래의 사람들을 만나기 어렵다. 거의 산자락에 묻혀서 나직한 봉분 아래 잠들어 있다. 가만히 외갓집이 그리운 이유를 생각해 본다. 그곳은 어머니의 고향이기에 본향을 그리는 본능적인 것이 아닐까.

　사람이 나이를 드니 한 가지 부조화 현상을 느낀다. 몸은 늙어 기력은 쇠하여지나 머릿속에 가슴속에 담긴 추억은 그대로라는 것이다. 아니, 오히려 더 뚜렷하게 떠오르곤 한다.

　그런지라 외갓집을 그리는 나의 마음속에는 흙먼지 날던 신작로길, 채송화 피어있던 외갓집 마당, 풍채 좋으신 외할머니의 모

습, 그리고 아리따운 이모의 섬섬옥수의 손이 오롯이 간직되어 있다. (2024)

예감(豫感)

 예전, 폭발적인 인기를 구가하던 한 가수가 음주 운전 혐의를 받을 때 그가 취한 행동을 보고서 나는 대번 불길한 예감에 사로잡혔다. 사고를 낸 행위 자체도 문제인데 더하여 거짓말까지 하고 있어서였다.
 그건 내가 꼭 현직에 있을 때 교통사고 처리를 해봐서가 아니라 사고를 내고 나서 그가 보인 행동이 너무나 어설프게 음주를 한 사실을 가리키고 있었기 때문이다. 그 정황은 술집 종업원의 증언 이외도 대리운전을 시킨 거라든지, 비틀거린 몸짓, 장시간의 도피, 차 안의 블랙박스 훼손 등 많은 허점을 보여주고 있었다. 그런 일련의 행위가 무엇을 의미하는가. 그 정도의 사안이라면 수사관 누구라도 음주 운전을 육감적으로 인지할 사항이 아닌가.
 뒤늦게나마 음주 사실을 인정했다는 보도를 접했지만, 아쉬움이 컸다. 즉시 실토를 했으면 얼마나 좋았을까. 호미로 막을 일을 가래로도 못 막게 생겼으니 안타까운 일이다.

그리도 주변에 바른 말로 조언해 줄 사람이 없었을까. 전도유망한 가수가 추락하는 모습을 보면서 앞으로 가수 생활을 정상적으로 할 수 있을지 걱정이 앞섰다.

이런 예감과 관련하여 더 큰 문제, 대국적인 관점에서 느끼는 것이 있다. 그것은 다른 게 아니고 아우가 외국에서 의사면허를 받아 침술을 병행하는 대체의학 병원을 개원하고 있는데, 최근 그 나라에서는 정부 차원에서 침술을 적극적으로 받아들이고 있다고 한다. 침술로써 암을 비롯한 자가면역 질환 같은 만성병을 고치는 걸 눈여겨보고서 자기 나라 의사들을 대상으로 교육해 달라고 제의를 해 왔다는 것이다.

돈 있는 사람들이 불치병에 걸리면 막무가내로 선진국으로 나가 큰돈을 쓰고 있기 때문이란다. 그로 인해 해마다 수천억 원의 외화가 유출되는 걸 하릴없이 지켜보다가 아우가 하는 침술 치료가 가격 대비 효과 면에서 획기적인 대안이 된다는 점에 영감을 받은 것이다.

사실 아우는 그 나라에서 수많은 불치병 환자를 치료한 임상 실적을 가지고 있다. 그 대상은 암 환자. 심장병 환자. 치매 환자. 자가면역질환자. 화상 환자 등 다양하다.

한국에서는 침술 행위를 불법 의료행위로 간주해 막고 있다. 명의로 유명한 구당 김남수 옹 같은 이도 침과 뜸으로 수많은 사람을 살려냈지만 고발당하였다. 아우도 마찬가지다. 비장의 의술을 가지고 있었으나 고국에서는 뿌리내리지 못하고 낯선 카자흐스탄으로 나가 정착을 하였다.

아우의 침술 경력은 50년이 넘는다. 홍채진단법을 장착하고 수지침에서부터 장침에 이르기까지 침술을 자유자재로 활용한다. 아우는 재야 고수들을 찾아다니며 저마다 가지고 있는 특장의 노하우를 전수받았다. 그 과정에서 중국 침술과 한국 침술을 두루 익혀 자기 것으로 만들었다.

침구사들이 활용하는 중국동씨 침술은 동경창 선생이 개발한 것이다. 그는 이름을 날리기 전 수년 전까지도 면허가 없었다. 말년에야 가까스로 정부로부터 중의사 특별면허를 받았다. 이것을 이후 '양유걸'이라는 불세출의 제자가 완성하여 오늘날의 세계적인 동씨침술로 자리 잡게 하였다.

이와 비견하여 한국에는 전통사암침법이 있다. 이것은 이재원 선생이 시작으로 김형관 선생이 체계를 잡고 불세출의 전유진 선생이 동씨침법을 능가하는 세계적 침술로 올려놓았다. 온침요법은 어떤가. 무면허였던 김계언 박사가 개발했으며, 약침 또한, 무면허였던 남상천 선생이 개발한 것이다. 그로 인해 선생은 그 일로 무려 18번이나 고발조치를 당했다고 한다.

이것들이 널리 활용되면 얼마나 좋겠는가. 아우는 1980년대 이우관 선생 등과 함께 침구사제정 투쟁에 나서기도 했다. 그런 아우가 종종 전화로 한국 의료시장을 걱정한다. 외국은 발 빠르게 대체의학을 받아들여 의료개혁에 나서고 있는데 한국은 의대 정원 늘리는 문제 하나로도 연일 시끄러운 것을 보고 그런 것 같다.

아우는 각국에 나가 성공한 침구사들과 소통을 하는 모양이다. 캐나다나 스웨덴, 남미 국가들에는 아우처럼 면허를 받아 영업하는 분들이 있는데 서로 정보교류를 한다는 것이다.

그러고 보니 생각나는 것이 있다. 1980년 천명기 보사부 장관 시절 남미 국가에서 한국에 침구사 1,000명을 보내 달라고 요구한 적이 있었다. 그런데 관철되지 못했다. 당시가 서슬 퍼런 군부정권 때임에도 불구하고 한의사들의 집단 반발로 무산되었다. 이런 형편인데 오늘날이라고 해서 해묵은 과제인 침구사 제도가 부활되겠는가.

우리나라 곳곳에는 대체의학의 고수들이 활동한다고 한다. 아우처럼 일부는 외국으로 나가고 나머지는 국내에서 은밀히 활동한단다. 이들은 저마다의 특장을 가지고 있어 희귀병을 고친다. 지인의 말에 따르면 어느 고을에서는 바늘 하나로 온갖 눈병을 고쳐서 환자들이 전국에서 몰려들기도 했다고 한다.

아우는 구당 선생이 평소 한 말을 들려준다. 양손에 떡을 쥐여주면 더 맛있는 떡(돈)에만 관심을 가질 것이라고 한 말을. 즉, 돈이 되는 한약을 우선 팔지 서민 의학인 값싼 침을 놓아서 돈을 벌려고 하겠느냐는 것이다. 모든 것이 세분화된 시대에 한 집단에만 독점적으로 계속 침과 한약을 양손에 쥐여주면 앞날이 어떠할지 우려된다.

외국에서는 발 빠르게 침구사를 양성하여 배치하려고 서둔다는 소식을 접하며 예감하는 부분이 있다. 그것은 우리가 지금은 의료선진국이라고 하지만 침술을 계속 특정 기득권에만 갖도록 족쇄를 채워놓는다면 금방 다른 나라에 따라 잡히고 말 것이 아니겠는가. 그래서 종래에는 면면히 이어온 전통침술이 영영 소멸하고 말 것이 아닌가.

의료계의 기득권 지키기는 심각한 수준이다. 의대생 정원 확대 문제로 파행을 거듭하는 바람에 응급환자들이 고통을 받고 있다. 이러다가는 무슨 일이 벌어질지도 모른다.

불안한 예감은 의외로 적중되는 일이 많다. 그것을 예상하여 대책 마련이 시급하지 않을까 한다.

외국도 도입하는 대체의학을 포함하여 의료수가를 낮추는 방안도 선제적으로 강구해야 한다고 본다. 그리하지 않는다면 음주 운전을 한 가수가 호미로 막을 것을 가래로도 못 막고 고통을 받고 있듯이 어떤 대가를 치를지도 모른다. 예감이 그렇다.

(2024)

우연히 엿 본 다산의 가계(家系)

 문학에 빠져 지내다 보면 본의 아니게 다른 이의 가계를 엿보게 되는 때가 있다. 다산 선생처럼 저술뿐 아니라 수상과 시문 등을 다수 남긴 경우는 그런 글들을 통해 인품뿐만 아니라 가계의 면면까지도 알게 되고 느끼게 된다.
 선생의 저작물은 얼마나 압도적인가. 240여 권의 서책은 실로 놀랍다. 그러한 선생을 두고 나 같은 사람을 비교한다는 것은 가당치도 않거니와 족탈불급(足脫不及)이다. 그렇지만 수필의 특성상 수필가는 자신과 집안 이야기를 시시콜콜 미주알고주알 털어놓게 되어 알게 모르게 부끄러운 이야기도 발천(發闡) 해놓지 않았는가 한다.
 내가 다산 선생에 관한 관심은 선생의 목민심서나 흠흠신서처럼 학문에 바탕을 둔 것뿐 만이 아니었다. 우연히 만난 글에서 선생이 적소(適所)에 머물 때, 끼니와 빨래를 챙겨준 여인이 있었으며 둘 사이에는 딸도 하나 두었다는 사실을 알게 되면서 흥미를 갖게 되었다.

그러던 중 여러 문적을 살핀 끝에 희미하게나마 선생을 위요한 하나의 그림을 그려보게 되었다. 그렇지만 그것은 어디까지나 단편적인 것으로 선생이 남긴 시문을 통해서 엿본 편린(片鱗)에 지나지 않는다. 따라서 충분히 객관성이 확보되었다고는 할 수 없다.

특히 부인 남양 홍씨(홍혜완)와 관련해서는 보는 관점에 따라 평가가 달라지지 않을까 한다. 이유는 두 가지인데 하나는 선생이 해배(解配)되어 소실과 딸 홍임을 데리고 본가에 왔을 때 부인이 매정하게 내친 점과 다른 하나는 오랜 애옥살이 중에서도 가계를 꾸려나가면서 식솔을 잘 건사한 점 때문이다.

선생은 성균관에 들어갔을 때만 해도 벼슬길이 보장된 듯했다. 시험을 볼 때마다 늘 장원을 차지했기 때문이다. 그런데 웬일이지 대과에는 번번이 낙방하는 바람에 벼슬자리를 얻지 못해 형편이 여의치 못했다. 작은 밭뙈기를 겨우 얻어 근근이 일구면서 살아가는 형편에 자식은 무려 9남매(3남 6녀)나 두었다.

나중 장성한 자식은 2남 1녀로, 다른 자식들은 유년기에 홍역이나 역병으로 떠나보냈다. 그런 이야기들을 선생은 빠짐없이 써서 남겨놓았다.

선생이 배수첩(配修妾)인 소실과 딸을 본가로 데려간 것은 미처 부인의 반발을 예상하지 못했던 것으로 보인다. 아니, 예상했지만 귀양지에서 수발을 들어준 은공을 차마 저버리지 못했을 수도 있다. 아니나 다를까, 현실에서 마주친 상황은 극심한 것이었고 선생은 깊은 속앓이하던 끝에 어찌어찌 딸을 서제(정양횡)에게 맡기고 소실은 거두지 못한 채로 다시 강진으로 돌아가는 발길을 지켜볼 수밖에 없었다.

1999년에 발견된 연작시 남당사(南塘詞)에 보면 선생이 적소에서 얻은 딸에 관한 시가 유독 심금을 울린다.

"어린 딸 총명함이 제 아비를 닮아서
애비 찾아 울면서 왜 안 오나 묻는구나"

소실은 내침을 당했지만, 기개는 당당했던 것으로 보인다. 그것은 어디서 배운 것일까. 당초에 선생을 돌본 사람은 한동네에 사는 김 노인이었다. 그 노인 집에는 과부가 되어 돌아온 딸이 함께 살았다. 아버지를 따라 시중을 들게 된 것이 자식까지 낳게 된 인연이 맺어졌지 않았나 싶다.

선생은 평소 꿈에 나타난 미녀를 두고도 호통을 칠만큼 금욕을 했으나 살뜰한 잔정에는 어쩔 수가 없었던 모양이다. 소실이 당당했다 함은 다른 것을 두고 하는 말이 아니다. 소실이 발길을 돌려 장성고을에 이르렀을 때였다. 이때 고을의 부호가 모녀의 길잡이와 모의를 하여 겁탈을 하려 들었다. 그러자 소실을 크게 노하여 이렇게 말했다,

"나는 조관을 지낸 분의 첩실이다."

그러자 순순히 물러났다고 한다. 선생의 가계에는 풍파와 불

행이 그치지 않았다. 바로 해배되던 해에는 둘째 며느리(학유의 처)가 요절하는 일이 일어났다. 겨우 일 년을 본가에서 함께 살고 그 후로는 한 번도 보지 못한 며느리였다. 선생은 그런 며느리를 그리며 묘지명을 썼다.

"꽃다운 스물아홉 운명한 어린 자부
소생도 하나 없이 청산에 잠 들었네"

애틋한 마음을 가진 것은 평소에 겪은 부인의 이야기도 들었던 것 같다. 부인의 이야기는 시집올 때 지참한 치마를 강진에 보내 선생이 그림을 그리게 한 것 이외는 달리 전해진 것이 없는데 며느리와의 일화는 널리 퍼져있기 때문이다.

며느리는 착하고 유순했다. 시어머니는 성품이 좁아 마음에 드는 사람이 적었으나 자부하고는 한 이불을 덮고 잘 정도로 가까웠다. 홍씨 부인은 장이 좋지 않아 한밤중 설사가 나 변소 가는 일이 많았는데 그런 기척을 보이면 며느리는 따라나서서 도와주고 신음에 함께 근심하였다. 그 이야기를 들어 알기에 눈물로써 먹을 갈아 묘지명을 썼으리라.

선생은 벼슬길 18년, 유배 생활 18년, 해배되어 18년을 살다가 생을 마감했다. 선생의 화양연화는 오직 정조 임금과 함께 의기투합하여 보낸 기간이었다. 그러나 정조 임금이 막상 1800년에 승하하자 선생의 영화도 중단되고 말았다.

유배 생활이 시작된 때의 선생 나이는 38세. 한참 경륜이 물의 익어 경세를 펼칠 나이에 날개가 꺾여버린 것이다. 그렇지만 유배지에서 죽을힘을 다해 주옥같은 저서를 남겼으니 비록 개인사는 불행했을지라도 나라에는 크게 업적을 남겼다고나 할까.

선생은 유년 생활도 그리 평탄하지 못했다. 생모가 선생 나이 8세 때 돌아가셔서 4년 후 서모가 들어오기까지 형수의 보살핌을 받고 자랐다. 형수가 머리의 서캐를 잡아주고 부스럼 치료를 해주며 옷가지를 빨아 주었다. 그 정을 잊지 못해 관(寬)이란 제(題)로 48시를 쓴 것이 있는데 그 살가움이 마음을 적신다.

> 본래 시어머니 섬기기 쉽지 않은데(事姑未易)
> 계모 시어머니는 더욱 어렵고(姑而繼母則難)
> 시아버지 섬기기 쉽지 않은데(事舅未易)
> 아내 없는 시아버지 더욱더 어려우며(舅而無妻則難)
> 시동생도 보살피기 쉽지 않은데(過叔未易)
> 더구나 에미 없는 시동생은 더 많이 어렵지요(叔而無母則難)
> 이 모든 일 탈 없이 잘 하신 것(能於是無憾)
> 이게 바로 형수님의 너그러움 때문이었습니다(是惟丘嫂之寬)

200여 년의 세월을 거슬러 올라 선생의 가계를 톺아 보니 선생의 생애는 유독 풍파가 많았던 듯하다. 귀양지에서 늘 자식 걱정으로 날을 보내고 몰락해버린 가계를 걱정했다. 하나, 그러면서도 귀중한 문적을 남기고, 상처(喪妻)를 한 작은 아들 또한, 문학사에 빛나는 작품 '농가월령가(農家月令歌)를 남겼으니 잘

못 살다간 삶은 아니지 않은가 한다. 글은 시라지지 않고 어딘가에 남아서 누군가에게는 기억이 된다는 것을 선생이 남긴 글을 통해 새삼스레 느끼게 된다. (2024)

선택(選擇)

 서울 성북구 성북동을 생각하면 나도 몰래 자연스럽게 '선택(選擇)'이라는 어휘가 떠오른다. 해방 직후 그곳에 거주하던 두 인물 때문인지 모른다. 그 사람은 바로 소설가 상허(尙虛) 이태준(李泰俊 1904~몰년 미상) 선생과 화가이면서 수필가인 근원(近園) 김용준(金瑢俊 1904~1967) 선생이다. 아마도 십수 년 전에 그곳에 구경하러 간 적이 있는데 그 생각이 나서인지 모르겠다.

 그때 보니 성북동은 예술의 요람 같아 보였다. 상허 선생이 사셨던 수연산방(壽硯山房)을 중심으로 근원 선생의 노시산방, 그리고 간송미술관과 길상사가 가까이 있었다.

 이 두 분은 이웃에서 산 것 이외도 몇 가지 공통점이 있다. 태어난 연도가 똑같이 1904년생이라는 것과 광복 이후 해방공간에서 월북한 점, 둘 다 당시 예술가로서 주목을 받은 것이다.

그리고 특이하게 아호가 지극히 자기를 낮추고 있는 점도 공통점이다. 이태준 선생의 호인 상허는 항상 비어 있다는 뜻대로 겸손을 강조하고 김용준의 근원은 애초에는 원숭이 원(猿) 자를 써서 근원인데, 이는 자신을 가리켜 '원숭이와 같이 미물에 가깝다'라고 해서 지은 것이라고 한다. 얼마나 겸손과 겸양을 이름인지 알만하다.

이는 조선말 독립운동가이며 서예가인 오세창 선생이 자신의 호를 '하찮은 갈대로 차 있다'라고 '葦滄(위창)'으로 한 것이나 조선 초기의 성리학자 정여창 선생이 자기를 일러 한갓 좀 벌레에 불과하다며 '一蠹(일두)'라고 한 것에 버금간다.

두 분은 한국문학이 자리 잡은 1940년대에 널리 이름을 떨쳤다. 상허는 '돌다리' 등을 통하여 깔끔하고 운치 있는 문장을 선보였는데 여간 표현이 돋보이는 것이 아니었다.

"물은 아름답게 흘러간다. 흙 속에서 스며 나와 흙 위에 흐르는 물, 그러나 흙물이 아니요 정한 유리그릇에 담긴 듯 진공 같은 물, 그런 물이 풀잎을 스치며 조각 돌에 잔물결을 일으키며 푸른 하늘 아래에 즐겁게 노래하며 흘러가고 있다." -'물' 중에서

얼마나 실감 나는가. 상허는 성북동에 수연산방을 마련하여 마당에다 파초를 가꾸고 살았다. 그의 집은 고향 철원에서 전통 가옥을 옮겨온 것이다. 선생의 집에는 항상 문인들이 붐볐다. 주로 구인회(九人會) 회원이 모여들었는데 거명을 하면 김기

림, 정지용, 이효석, 이상, 박태원 등 역량이 있는 작가들이었다.

한편, 근원은 화가이면서도 문인들과 자주 어울렸다. 그는 문장이 뛰어나 우수한 수필작품도 많이 남겼는데 그의 글은 평단에서 '한국수필의 백미'라는 말을 듣는다. 글 속에 동서고금의 사상과 철학이 녹아들어 진정한 수필 미학이 무엇인지를 잘 보여준다. 그는 당시에 문학잡지 '문장'에다 표지화도 많이 그렸다.

선생은 동경미술학교를 마치고 돌아와 서울대학교 미대 초대 학장이 되었다. 애초에는 서양화를 그렸으나 나중에는 필법을 바꾸어 문인화를 그렸다. 근원은 자기가 거주한 집을 노시산방(老柿山房)이라 불렀다. 마당에 늙은 감나무 서 있는 것을 보고 지인이 지어준 것이다.

"(…) 아무튼, 나는 내 변변치 않은 이 모옥(茅屋)을 노시산방이라 불러오는 만큼 뜰 앞에 선 몇 그루의 감나무는 내 어느 친구보다도 더 사랑하는 나무들이다."

그러고 보면 집 이름도 두 사람이 유사하다. 그러나 뭐니 뭐니 해도 닮은꼴은 두 사람이 거의 같은 시기에 월북을 한 점이 아닌가 한다. 해방 직후 어느 날 상허는 살던 집을 정리하고서 가족을 이끌고 북으로 넘어갔다. 평소 좌익사상에 물들어 있었는지는 모르나 명성 높은 작가가 북쪽을 선택한 것은 풀리지 않는 의문이다. 무엇을 더 바라고 원했던 것일까.

궁금증이 이는데, 하나 그것은 어렴풋하나마 단서가 될 만한 증언이 있다. 서정범 수필가께서 6·25전쟁 이전에 황해도 해주에서 교편을 잡고 있었는데, 하루는 그를 만났다는 것이다.

친분이 있는 사람 집에서 그를 만나 북쪽에 온 이유를 물으니, 러시아에 갈 수 있는 길이 열린다고 해서 오게 되었다고 하더란다.

그때 만난 시기가 6·25전쟁이 터진 3일 후로 인민해방군 종군작가로 취재차 해주에 내려와 평양으로 올라가던 길이였다. 그때 보니 그는 얼굴은 단아했으나 무척 수척해 보였고 인민군이 서울에 입성하여 주민 사기가 드높아 있던 때인데도 표정은 그리 밝아 보이지 않았다.

그로 미루어 그는 사상에 깊이 물든 사람은 아니었던 것으로 짐작한다. 한편, 그의 처지를 전하기를 공장의 선전 인쇄물 교정을 보다가 말년에는 땅에 파묻힌 쇳조각을 줍고 있다는 소식을 들었다고 한다. 다른 말도 전해지는데 북한을 다녀온 소설가 황석영이 전하는 말에 의하면 1964년 가까스로 복직되어서 창작실에 배치되었다고 한다. 그의 작품은 남한에서 1988년 7월 19일 복권되었다. 알려지기로는 근원의 처지도 별반 다름이 없다.

북한에서 미술대학 교수로 활동하다가 숙청이 되어 말년에는 비참하게 살았다는 것이다.

나는 1988년 올림픽 이후 북한 인사와 그들의 작품이 해금되었을 때, 서울 종로구 인사동 거리에서 근원 작품을 본 적이 있다. 북한 작가의 서화작품을 팔고 있었는데, 수묵화에 한글로 '근원 김용준'이라고 적혀 있었다. 눈으로 슬쩍 보고 지나쳤지만, 값은 그리 비싸지 않았던 거로 기억이 난다.

  한국에 그대로 눌러살았으면 크게 대우를 받았을 텐데, 그의 후반생이 비극으로 끝난 것이 안타깝다. 그러기는 상허도 마찬가지다. 지금도 그의 명성이 자자한데, 한국에 남아서 후진을 양성하고 창작활동에 매진했다면 얼마나 대단한 작가가 되었을까.

  그것을 생각하면 살아가면서 기로에서 선택이 얼마나 중요한가를 느끼게 된다. 그들이 젊은 시절에 예술 지향의 열정과 순수를 지키고자 했던 것을 돌아볼 때 얼마나 잘못한 것인가. 자유가 없는 세상에서 하나의 도구로 전락하여 예술을 꽃피울 기회를 놓친 게 아닌가. 그것을 생각하면 인생 막바지에 판단을 잘못하여 그릇된 선택한 것이 무척이나 안타깝다. (2023)

들은 풍월(風月)

　무엇을 정식으로 배우지 않고 어깨너머로 익힌 짧은 지식을 풍월(風月)이라고 한다. '서당 개 삼 년이면 풍월을 읊는다'라는 속담의 뜻풀이를 비추어 볼 때 어떤 것이 보기에 신통방통할지라도 그 수준이 지극히 어쭙잖은 정도를 나타내는 말임을 짐작할 수 있다.
　그런데 내가 나를 생각해 볼 적에 바로 내가 그 서당 개가 아닌가 싶다. 쥐뿔도 남다른 것이 없으면서 제법 아는 체 풍월 읊듯이 글을 써 왔으니 말이다. 생각하면 가당찮고 우습기도 한 것이다.
　그런 푼수에 여전히 글 쓰는 걸 멈추지 않는 건 워낙에 문학에 대한 높은 관심 이외, 조금은 남다른 기억력 때문이지만, 이제는 그 축도 나이 들어가니 시원찮아졌다.
　아무튼 서설은 그렇고, 우선 풍월하면, 떠오르는 분이 역학자 충무산인(忠武山人) 백우(白羽) 김봉준(金奉俊) 선생이다. 당대에 대단했던 분인데 전에 당신이 '風月'이라는 자서전을 펴냈다. 충남 서산 분으로 예전에 지상파 방송국에도 여러 차례 출연하여 많이 알려진 인물이다. 그런데 우연한 계기로 막내아우가 문하생으로 들어가 수제자가 되었다.

나중, 아우는 수년 동안 수학한 끝에 당신으로부터 자기와 동급이라는 의미의 '여백(余白)'이란 아호를 하사받았다. 나는 그런 아우와 종종 통화를 하며 어디서 들어보기 어려운 이야기를 많이 듣는다. 엊그제는 이런 이야기를 들었다.

세상의 이치가 결혼 초기에는 아내가 남편을 이길 수가 없다고 한다. 그런데 차차로 전세가 바뀌어 가는데 그것은 자식을 통해서 변한다는 것이다.

즉, 여자에게는 자식이 무기이면서 후원자가 되어 차차 자식이 성장하면서 지위가 역전이 된다고 한다. 이것은 역학으로서 설명이 되는데, 자식은 어려서는 힘이 없지만 커 갈수록 아비를 이기게 된다고 한다. 따라서 아비는 자식이 어렸을 적부터 존중하고 돌봐야 한다는 것이다.

이는 일반인에게도 적용이 되는데 가진 자는 없는 사람에게 베풀며 도와주어야 한다고 한다. 이는 얼핏 손해를 보는 듯해도 결과적으로 이익이 되는 것으로 자기를 지키고 보호하는 수단이 되는 행위라는 것이다. 역학적으로 불(火)은 금(金)을 극하고 금은 목(木)을 극하며 목(木)은 토(土)를 극하고 토는 수(水)를 극하는데 이는 순리로서 세상 돌아가는 이치라는 것이다. 수

궁 가는 점이 없지 않다.

 이것이 풍월이라면 내가 글 쓰는 세계에 기웃거리며 얻어들은 것들도 그런 풍월에 속하지 않을까 한다. 가십이나 에피소드인데, 평생 변방에 살면서 들은 게 얼마나 될까마는 놓치기 아까운 것이 몇 가지 있다.

 전라도를 벗어난 이야기는 그 지역에 사는 문인들이 더 잘 알 것이므로 건너뛰고 전라도 문인 몇 분 이야기를 해 볼까 한다. 전라도에는 나와 동시대 소년기를 보낸 젊은 문청(文靑)이 있었다. 한 사람은 시와 소설을 쓰던 김만옥(金萬玉 1946년생)이고 다른 사람은 아동문학을 한 정채봉(丁采奉 1946)이다.

 두 사람은 나와 갑장으로 김만옥은 조대부고 시절 지방지 신춘문예에 동시가 당선되어 일찍 문필 생활을 시작했다. 그는 20대 초반에 파계승과 결혼하여 일찍 두 여식을 얻었다. 그런데 그런 딸아이에게 사과 하나 변변히 사줄 수가 없어서 비관 자살을 해버리고 말았다. 불과 향년 스물여덟이었다.

 그는 완도 청산도 출신으로 똥구멍이 찢어지게 가난했다. 그런 형편에 덜렁 가정을 가졌으니 글을 써서 호구지책이 될 거라고 믿었는지는 모르지만 어디 세상 살기가 그리 만만한가. '한오백년' 노래 가사처럼 '동정심이 없어서' 목숨을 끊어버린 것이 아닌가 한다. 나는 절박한 상황에서 그의 수중에 몇십만 원만 있었더라도 그렇게 허망하게 떠나지는 않았을 것으로 생각한다.

 정채봉은 자전적 수필에서도 나오지만 열여덟 살 어머니한테서 태어났다. 그런데 아버지는 일찍이 일본으로 들어가 버리고 어린 홀어머니 밑에서 자랐다. 그의 문제는 어렸을 적부터 드러났다고 한다. 여수 문협의 산증인인 박보운 시인의 말에 따르면 여수 문협 백일장에서 동시가 월등하여 바로 1등에 뽑혔다고 한다.

그도 신춘문예에 당선이 되었는데, 군대를 다녀온 뒤였다. 그래도 그는 대학을 마치고 잡지사에 취직하여 밥벌이했는데 김만옥은 이렇다 할 직업도 없이 전업 작가로 살다가 떠났다. 한편, 아쉬운 것은 정채봉은 순천에서 문학관도 지어서 기리고 있는데, 김만옥은 고향인 완도에서나 거주하던 광주에서나 아직 소식이 감감하다.

우체부 출신으로 전라도 사투리를 작품 속에 기가 막히게 구사한 나주 출신 오유권 소설가는 원고료를 목숨같이 아낀 사람이었다. 동향 출신 김수봉 수필가의 말에 의하면 어느 날 소설 작법을 배우러 찾아가니 밥 사 먹으라고 장판 밑에다 감추어 둔 돈을 꺼내어 주는데 그 돈이 누렇게 변색되었더라고 한다.

그 이유는 모른다. 자린고비로 아껴온 버릇이거나 피땀 흘려 글을 써서 받은 돈이라 그렇게 보관했는지 알 길은 없다. 고흥 출신 송수권 시인은 75세에 세상을 떠났다. 그는 두 가지 측면에서 기록을 세웠지 않았나 한다. 하나는 등단 시 응모작이 쓰레기통에 버려졌는데, 그것을 편집장이 주워서 보고는 예사로운 작품이 아니어서 등단시킨 것이다.

또 다른 하나는 서라벌예대를 나온 전문대 출신으로 국립순천대학교 문예창작과 정 교수가 된 것이다. 물론 그것은 국내 최초는 아니다. 박상융 소설가의 작품도 워낙에 악필이어서 버려졌다가 구제된 경우이고, 어느 모 시인도 변변히 정규학력이 없다시피 하면서도 학교에서 학생들을 가르쳤다.

나는 송수권 시인을 생각하면 동병상련의 마음이 느껴진다. 그가 세상을 뜨면서 하는 말이 '작품이 교과서에 하나 실린 것으로 만족한다.'고 했다는 말을 전해 들어서이다. 이것은 나에게도 얼마나 자긍심을 높여주는 말인가. 글쓰기의 세계에서 크게 두각은 나타내지 못했지만 나 또한 교과서에 글이 실렸으니 얼마나 힘이 되는 말인가.

나는 글을 쓰면서 우리 문단에 이상과 이제하(李祭夏), 윤후명 같은 천재들이 있었음을 기쁘게 생각한다. 이상의 천재성이야 '오감도' 하나로 증명되고, 이제하는 고교 2년 때 쓴 '청솔 그늘에 앉아'라는 시가 중학교 교과서에 실리고, 윤후명 또한, 개명 이전에 윤상규란 이름으로 발표된 시 '나비'와 산문 '산역'이 학원문학상을 타게 되면서 신선한 충격을 주었다. 그 때문에 오랜 세월이 흘렀지만 지금도 잊지 못한다.

이제하의 시는 서울 친구 유경환의 편지를 받고 쓴 것으로 알려졌는데, 그는 못 하는 것이 없는 팔방미인으로, 시와 소설, 희곡, 작사, 노래까지 한 사람이었다. 요즘 들어 그가 작사 작곡한 '모란동백'이 경연 프로에 자주 나오고 있는데, 일설에 의하면 조영남 가수는 일찍이 그 노래를 자신의 장송곡으로 찜해놓았다는 말도 들린다.

그런데 이런 마당에 송수권의 〈아내의 맨발〉이라는 작품을 대하니 그 또한 그들과 버금가는 사람이 아닌가 하는 생각이 든다. 문장도 문장이지만 어린 시절 새엄마가 미워서 밖에 벗어놓은 꽃신을 식칼로 갈래갈래 찢어버렸다는 대목에서 윤상규가 학원문학상 작품에서 주인공이 하는 말 "공동묘지에 묻힌 사람이 금이빨을 했더라. 그것을 파러 가자"라고 한 것과 데자뷔 되어 소름이 끼쳐오기 때문이다.

보통 아이, 보통 소년이 어디 감히 그런 생각을 하고 그런 것을 결행할 수 있는 일인가. 그가 쓴 작품의 묘사 중에 커튼 너머 휠체어에 실려 간 아내의 맨발이 자꾸 생각남은 그가 특별히 돋보이게 한 그만의 문학적 장치가 아닌가 하여 생각을 오래 해보게 된다.

두서없이 떠오른 대로 언급했는데 나름으로 생각하기에 얼마간은 그런대로 들은 풍월을 읊조리는 것이 아닌가 여겨진다. (2024)

민들레 홀씨

민들레는 꽃이 지고 나면 하얀 날개에 달린 씨앗을 멀리 날려 보낸다. 그런 씨앗은 땅에 떨어져서 새로운 자리에 터를 잡는다. 그 광경을 연상하면 옛날 한양의 사대부 출신이 시골 오지 낯선 고을에 귀양 와서 기약 없는 세월을 보내다간 인물들이 생각난다.

그들은 대부분이 억울한 누명을 쓰거나, 급격한 정세의 변화로 하루아침에 처지가 곤두박질쳤다. 그런 분으로 우선 생각나는 사람은 1895년에 벌어진 역변(逆變)과 경복궁 화재와 관련해 연루가 되었다는 이완용 등의 모함으로 10년 넘게 낙도 진도에서 귀양살이한 조선의 문형(文衡)이라 평을 받은 무정(茂亭) 정만조(鄭萬朝, 1858~1936) 선생을 비롯해, 영재(寧齋) 이건창(李建昌) 선생, 강진 고을에 귀양 온 다산(茶山) 정약용(丁若鏞) 선생 등이 있다.

먼저, 무정 선생은 진도로 귀양을 와서 허백련 선생을 가르쳐

유학의 길을 터주고, 손재형 선생을 지도해 서예의 대가로 만들었다. 또한, 이건창(1852~1898) 선생은 구한말에 척양척왜(斥洋斥倭)를 주장하다 고종의 미움을 사 1892년 보성 고을에서 귀양살이를 시작했다.

이때 송명회와 설주(雪舟) 송운회(宋運會) 형제를 가르쳤다. 그들은 선생에게 경서와 서법을 익혀 크게 이름을 떨쳤다. 이건창 선생은 보기 드문 수재였다. 그는 일찍이 15세 때 강화도에서 치러진 문과 별시에 급제했다. 당시는 벼슬길이 오르려면 18세가 되어야 해서 나중에 홍문관 주서로 입직을 했다.

그는 문장이 출중해 청나라에 동지사 서장관으로 갔을 때 비록 나이 23세의 약관이었으나 접빈사를 감동시켰다. 한편, 그는 성품이 청렴 강직하여 공무를 봄에 있어서 한치의 부정비위도 눈감아 주지 않았다고 한다. 그러한 기준에는 친척과 친구도 예외를 두지 않았다.

그는 앞을 내다보는 통찰력이 있었다. 당시, 청국인과 일인들이 조선에 들어와 부동산을 사드리려는 움직임을 보이자 이를 금지하라는 상소를 올리기도 했다. 이를 두고 그들은,

"조약상, 외국인에게 가옥이나 토지매도를 금하는 조항이 없는데 왜 금지를 하려느냐?"라고 따졌다. 이에 이건창 선생은,

"우리가 우리 국민을 금지하는데 조약이 무슨 상관이냐"라며 일축했다고 한다. 선생은 한때 고종의 신임을 받았다. 나랏일이 난관에 봉착할 때마다 임금이 나서서 "내가 그대를 아니 전과 같이 잘하라"라고 힘을 실어주었다.

그러나 선생은 외세를 등에 업은 모리배들의 모함으로 유배길에 오르지 않으면 아니 되었다. 그때는 고종도 변심하여서 지켜주지 못했다. 선생은 귀양지에서 후학을 지도했다. 그때 가르침을 받은 두 형제가 크게 이름을 떨쳤으니 선생의 빛나는 업적이라고 하지 않을 수 없다.

생각나는 또 한 분은 세대를 거슬러 올라 다산 정약용(1762~1836) 선생이 있다. 이때 만난 수제자 치원(巵園)은 황상(黃裳)과는 각별한 관계였다. 1801년, 선생이 강진 땅으로 유배를 오자 몇 명의 아전 자식들이 배움을 청했다. 해서 어렵게 주막집 봉놋방에 서당을 열게 되었는데 거기에 15세인 황상이 끼어 있었다. 황상은 선생으로부터 삼근계(三勤戒. 부지런하고, 부지런하고, 부지런하라)를 받고, 선생이 18년 유배 생활을 마치고 한양으로 떠날 때까지 배움을 멈추지 않았다. 그러는 사이에 학문은 깊어질 대로 깊어졌다.

그를 두고 사람들은 "벼슬길에 나가지도 않으면서 무엇 하려 공부를 계속하느냐?"고 말을 했지만 한 귀로 흘려버렸다. 그는 다산의 수하에서 공부하며 선생의 두 아들과도 깊이 우정을 쌓았다. 나중에는 정황계(丁黃契)를 만들어 이어갈 정도였다.

추사도 황상을 높이 인정했다. 그 정황은 1848년 추사가 귀양에서 풀려나 뭍으로 나오면서 먼저 황상을 만나려고 백석동까지 찾아간 행적에서도 알 수 있다. 그러나 그때는 만나지는 못했다. 그 아쉬움은 추사가 다산의 장남인 정학연에게 보낸 편지에 나타난다.

"황상의 시를 음미해 보니 두보를 골수로 하고 한유를 근골로 한 것이었습니다. 다산의 제자를 두루 꼽아보아도 이청 이하 모든 사람이 대적할 수가 없습니다. (중략) 서울로 갔다고 하여 구슬피 바라보며 돌아왔습니다. 이제 내가 서울로 오니 그는 이미 고향으로 돌아갔다고 하는군요. 제비와 기러기의 어긋남과 같아서 혀를 차며 안타까워할 뿐입니다."

그러한 황상은 어느 날 주민의 참상을 목격하고 스승에게 알렸다. 때는 1803년 봄, 바닷가 노전리에 사는 어느 백성이 군정(軍政)의 횡포로 살 수 없게 되자 자기의 남근을 잘랐는데 그 사실을 말했다. 이것을 보고 다산이 지은 시가 그 유명한 애절양(哀絶陽)이다.

한편, 황상은 거문도의 대문장가 귤은(橘隱) 김류(金瀏) 선생과도 교류하면서 지대한 영향을 끼쳤다. 귤은보다 26세가 많았던 황상은 이 밖에도 호남의 영재들과도 두루 교류하며 학문과 시문을 전파했다. 실로 민들레가 홀씨를 뿌려 곳곳에 꽃을 피우는 것과 같은 모습이었다.

이를 생각하면 귀양 와서 고생한 당사자는 낯설고 물선 머나먼 객지에서 고통이 많았겠지만, 문명의 혜택을 받지 못한 지역민에게는 새로운 세계에 눈을 뜨는 더없는 배움의 기회였지 않나 한다.

그걸 생각하면 당신들의 불행은 또 다른 면에서는 학문의 전수, 문화의 전파자로서의 귀한 역할을 톡톡히 하지 않았나 생각한다. (2023)

손바닥선인장을 보며

얼마 전까지 나는 인내심을 가지고 기다렸다. 한낮의 더위도 사위어 가고 조석으로 소슬한 기운이 느껴질 때도 좀 더 기다려 보자고 인내심을 발휘했다. 그런데 시월도 막바지에 이르고 나무들이 단풍이 들면서 한 잎 두 잎씩 이파리를 떨구는 것을 보고 기대를 접기에 이르렀다.

무얼 말하느냐면 집에서 기르는 손바닥선인장을 두고 하는 말이다. 선인장은 집에 들어온 후 줄곧 꽃을 피워왔다. 피는 꽃은 오래 가지는 않지만 필 때의 노란 꽃잎이 볼만했다. 한데 올해는 해거리로 건너뛰고 만 것이다. 원인은 짐작이 간다.

지난겨울은 추위가 생각보다 심했다. 느지막이 찾아온 한파가 거의 한 달 가까이나 이어졌다. 그런데도 나는 선인장을 실내로 들어놓지 않았다. 매년 그리해 놓아도 별 탈이 없었으므로 무신경하게 넘어갔다. 그런데 녀석은 급습한 한파를 이겨내지 못하고 골병이 들어버린 모양이다.

맥을 못 추고 축 늘어진 것을 나중에 발견했으나 그때는 이미 때가 늦었다. 그런데도 녀석은 봄이 되자 언제 그랬냐는 듯이 기력을 차리고 빳빳하게 곤두섰다. 그 기세를 보고 꽃을 피우리라고 확신했다. 그런데 계절이 늦은 봄을 지나 초여름이 되고, 한낮의 더위가 기승을 부리는 시기가 지나 늦가을로 접어드는 데도 꽃을 피울 기척이 없는 것이다.

해서 몹시 섭섭하고 허전하다. 이것을 보면 선인장도 주위 환경 영향을 많이 받는 것 같다. 어디서나 한곳을 고수하며 묵묵히 잘 자라나는 것 같아도 환경이 바뀌면 근근이 살아내기도 힘겨워하는 것 같다.

식물이 이러한데 주위 환경에 몇 배나 민감한 사람은 어떨 것인가. 더하면 더했지 못하지 않을 것이다. 내가 유년 시절을 보낸 고향 옆 마을에는 초등학교 한 해 선배인 벗이 살고 있었다. 그는 머리가 좋아 공부를 잘했는데 이상하게도 무슨 영문인지 취업도 하지 않고 고향에 눌러살았다.

그는 나와 한 살 차이지만 교류는 거의 없었다. 마을이 떨어져 있기도 했지만, 성격이 맞지 않은 이유도 있을 것이다. 흔히 벗을 하는 나이로, 상팔(上八) 하팔(下八)이라고 한다. 위로 여덟 살, 아래로 여덟 살은 벗을 해도 무방하다는 것이다. 더 하여 우스갯말로 객지 벗은 스무 살, 노름 벗은 서른 살이라는 말도 있다.

아무튼, 사회 관습이 그런데 그는 나와 자치동갑에 지나지 않았지만 데면데면하고 살았다. 그렇게 지낸 어느 날이다. 그때가 스무 살 남짓이던 때로 하루는 뜻밖의 불길한 소식을 듣게 되었다. 마을 인근에서 외지인과 시비가 붙어서 사람이 죽었는데 그가 연루되었다는 것이었다. 그 말을 듣자마자 무엇보다 먼저 떠오른 것은 머리가 좋은 사람이 아깝게 됐다는 생각이 스쳤다.

나중 들으니 평소에 행실이 불량한 친구와 어울려 다니다가 그런 일을 당했다는 것이었다. 오래 징역은 살지 않았지만, 호적에 전과가 오른 것은 물론, 붉은 줄이 쳐졌음은 두말할 것도 없다. 좋지 않은 환경에다 친구를 잘못 만난 탓이다.

이에 비하면 반대로 귀감이 되는 분이 있다. 임진왜란이 일어나던 때, 한음(漢陰) 이덕형(李德馨 1561~1613)과 백사(白沙) 이항복(李恒福 1556~1618)은 좋은 벗으로서 서로 힘이 되어주었다. 전해 오는 말에 의하면 백사는 젊어서 학문 연마에 다소 등한했다고 한다. 그런데 매사에 모범생인 한음을 만난 것이다.

두 분은 나이가 다섯 살 차이가 났으나 망년지우(忘年之友)로 지냈다고 한다. 그리고 선조 임금 피난 시에는 함께 호종했으며 앞서거니 뒤서거니 하며 병조판서와 영의정을 두루 지냈다. 두 분의 끈끈한 우정이 시끄러운 조정에서 국사를 처리하는데 크게 힘이 되어주었음은 두말할 것도 없다.

역학(易學)을 하는 분의 말을 들으면 이런 주위 환경 말고도 운명적으로 어쩌지 못하는 경우가 있다고 한다. 그런 사람을 일러 우물 정(井)에 돌멩이가 빠지(·)는 퐁당퐁자(造語 조어) 운명인데 흔히 말하여 날벼락을 맞은 운수이다.

그런 것은 화물차 뒤를 따르다 떨어진 낙하 물체에 즉사하거나, 외진 산길에서 낙엽에 미끄러져 손을 짚었는데 독사에 물려 죽는 경우라 할 것이다.

　실제로도 몇 년 전에 그런 일이 있었다. 성실한 공무원이 늦게까지 일하고 집에 들어오다가 현관에 이르렀을 때 옥상에서 누군가가 던지는 돌에 맞아 죽은 일이 있었다. 그런 날벼락은 역사 속에서도 나타난다. 우의정 강순은 예종이 친국하는 국문장에 있다가 남이장군이,

　"저이(강순)가 바로 신과 반역을 모의한 한패입니다."

　라고 아뢰는 바람에 날벼락을 맞은 것이다. 남이 장군이 생각하기를 마땅히 나서서 무고함을 말해주어야 할 사람이 입을 다물고 모른 척하니 괘씸한 생각에 그런 말을 해버린 것이다. 그야말로 날벼락이 아닌가. 그는 순조 때에 와서야 신원이 복원되었다고 하는데 얼마나 억울한가.

　그 경우는 살다가 벼락을 맞을 경우나 상정할 수 있지만, 그러나 환경문제는 늘 가까이 있는 문제로 부단히 신경 써야 할 것이 아닌가 한다. 변화하는 날씨, 주위에서 마주하는 대인관계, 피할 인물과 가까이할 사람 구분, 이런 것은 자기 의지에 따라서 얼마든지 가려가며 지켜갈 충분한 역량의 문제가 아닌가 한다.

　문득, 꽃을 피우지 못하고 그만둔 손바닥선인장을 보면서 여러 가지 일들을 생각해 본다. (2023)

눈으로 보는 것과 가슴으로 느끼는 것

근자에 고물 승용차를 폐차시킨 후로 통 고향마을을 들르지 못한다. 해서 고향 집이 그리워지면 애써 달리하는 버릇이 생겼다. 무슨 방법이냐면 그 대신 인터넷을 검색하여 고향 명소를 찾아보는 것이다. 그렇지만 지도에서 고향마을은 쉽게 찾아지지 않는다. 지역을 검색하면 전체는 나오지만, 건물과 주위 풍광은 나타나지 않기 때문이다. 그런지라 보면서도 실감이 나지 않는다.

네티즌들을 보면 보성지역의 가볼 만한 곳으로 몇 군데를 추천한다. 그중에는 제암산 자연휴양림과 태백산맥문학관, 대원사 벚꽃 길, 그리고 한국 차 박물관, 율포해수욕장을 든다.

하지만 인문학적 견지에서 볼 때 별교의 나철 선생 기념관, 문덕의 서재필 선생 기념관, 보성의 열선루, 은봉 안방준 선생의 기념관도 추천하고 싶다. 그 이유는 이곳을 방문해야만 비로소 보성의 진정한 속살, 보성의 정신을 느낄 수 있기 때문이다.

지난해, 나는 국립해양수산박물관이 고향 보성이 아닌 완도로 선정된 것을 매우 아쉽게 생각하고 있다. 그곳도 그만한 입지조건이 되기 때문에 선정이 됐겠지만 내 개인적인 생각으로는 보성 득량만큼은 미치지 못하다고 생각하고 있다. 그래서 애초 전라남도 몫으로 남녘에 해양박물관이 배정이 되었을 때, 선정이 보성이 될 것을 믿어 의심치 않았었다.

보성은 지리적으로 전남의 중심지에 해당할 뿐만 아니라, 자연사적인 상징 현장이라고 할 공룡알 화석지가 있고, 다른 역사 유적지도 많기 때문이다. 인근의 칼바위는 이순신 장군이 병사를 보충한 곳이며 가까이 위치한 군영구미는 명량대첩에 나설 때 지역에서 군량과 무기를 확보하여 출진했던 곳이다.

지리적으로도 훌륭한 입지조건을 갖추고 있다. 아름다운 리아스식 해안에다 눈앞에 그림 같은 득량도가 펼쳐져 있고, 고흥 대서로 이어지는 방조제 둑길 4킬로미터에는 장미 꽃길이 조성되어 환상적인 힐링 코스를 제공한다. 거기다 일렬횡대로 늘어선 소나무의 조림은 풍광을 돋보이게 한다.

그런데, 대단위 공장 용지로써 최적의 조건을 갖추고 있음에도 최종 탈락을 하고 말았다. 나는 처음 유치운동이 벌어질 때 열기가 지극히 소박하다는 느낌을 받았다. 마을 이장단이 구성되었다는 말을 듣고 '그것만으로는 될까.' 싶었다. 아니나 다를까, 결과는 허무하게 끝나버렸다. 상대 후보지는 현역 도지사가 배출된 곳인데, 순진하게도 입지조건만 믿고 있다가 나가떨어진 것이다.

보도에 따르면 그쪽이 평점이 높았다는데 그것은 신뢰하기 어려운 것이었다. 왜냐하면, 낙후지역으로 말하면 득량 고을이 훨씬 더 뒤처지고, 인접 시군의 교통여건으로 말하면 이곳만큼 접근성이 월등한 곳도 없는 것이다.

그런 면에서 보면 지역을 홍보하는 것도 좀 치밀해야 하지 않을까 한다. 내가 보기에 보성은 산업시설이나 관광명소를 조성할 훌륭한 여건을 갖추고 있다. 그런데도 한때 제철공장의 후보지였던 득량은 높은 평점을 받고도 타지역에 밀리고 말았다. 수심이 깊어 준설을 하지 않아도 되는 곳임에도 굳이 수심이 낮아서 월등히 많은 돈이 들어가는 다른 곳에 밀려난 것이다. 이는 군세(郡勢)가 약하고 지역에 인물이 없는 것이 큰 약점으로 돌아온 것이다.

그렇지만 보성은 지역 홍보 여부에 따라서는 다른 차원에서 각광을 받을 수 있는 관광자원이 있다고 생각한다. 그것은 다른 지역이 갖지 못하는 독특한 자원으로 '구들장 우마차길'이 있는데 구불구불한 험로가 압권이다. 다른 것은 놓쳤지만 이것만은 꼭 귀중한 자산으로 잘 활용했으면 한다. 이것은 우리나라 근대유물의 발자취를 돌아보게 하는데 충분한 가치가 있다. 경남 남해의 산비탈 다랑논이 훌륭한 관광자원이 되고 있듯이 이것을 활용하면 얼마든지 관광객을 끌어 들릴 수 있다.

그것은 일본의 예를 보아도 알 수 있다. 일본은 군항도와 사도광산을 유네스코에 등재하거나 등재를 준비하는 것이다. 우리 조선인을 끌고 가 가혹하게 노동을 착취한 악명 높은 곳이지만, 그들은 그것을 감추고 그곳을 근대시대 자기 나라의 발전 동력을 얻은 곳이라고 기리고 있다.

거기에는 관광객을 끌어모으려는 속셈이 읽힌다. 그것을 보면 보성의 '우마차길'은 더 얼마나 의미 있는 것인가. 일제 강점 1930년대부터 1980대까지 50여 년간 채석이 이어진 곳으로, 엄혹한 시대에 먹고 살기 위해 험한 길을 개척하여 구들장을 실어 나르고, 백성은 그것으로 구들을 놓아 허기진 삶이나마 등 따습게 지내게 되었다. 그것도 물량이 실로 전국 수요의 70%를 차지했으니 얼마나 대단한 곳인가.

그런 것을 생각하면 눈으로 보는 자원인, 제암산 자연휴양림을 비롯한 여러 곳도 널리 알릴 만하지만 땀 흘리며 생존을 도모하던 위험천만한 노동 현장의 유적도 충분히 가슴으로 느끼게 할 만하지 않은가.

진정한 관광의 의미는 우선 눈으로 보아 즐거움을 느끼는 것도 중요하지만 어떤 사물, 어떤 현장을 보고 가슴에 담아 가는 것도 뜻이 있지 않은가 한다. 그러한 의미에서 단순히 구경하고 눈요기에 그치는 홍보보다는 좀 더 역사를 돌아보고 배우고 느끼게 하여 가슴에 담아 가는 홍보 전략을 짜는 것이 좀 더 바람직하지 않나 생각해 본다. (2023)

비방(祕方)

　도회지 외곽 변두리 길을 걷다 보면 심심찮게 점집과 마주한다. 점집들은 대문에 깃발이 꽂혀있어 금방 눈에 띈다. 그런 집이 한두 집이 아니다. 이렇게 많아서 밥벌이가 될까 싶기도 하지만 성업 중이다. 그만큼 무속을 믿고 의지하는 사람들 또한 많다는 뜻일 것이다.
　점은 과학적으로 근거를 대지 못하지만, 소문을 듣거나 경험을 통해 효험 보았기에 찾아올 것이다. 점집에 꽂힌 깃발이 휘날리는 걸 보면 마치 조업을 나갔던 배가 만선을 하여 깃대를 높이 올리고 돌아오는 광경이 그려진다. 그럽지만, 점집을 드나드는 발길을 쉽게 만나기 어렵다. 대다수가 은밀히 찾기 때문이다.
　사람들은 살아가면서 대체로 안심을 못 하고 산다. 무슨 일이 생기면 기독교인은 하나님을 찾고 불교도는 부처님을 찾지만 그런 의지처가 없는 사람은 무속인을 찾아 비손하면서 점이라도 본다.

사람 사는 세상에는 예기치 않는 일들이 시도 때도 없이 일어난다. 그런 일 중에는 사람이 인력으로 어쩌지 못하는 천재지변도 있고, 자기나 가족이 잘못하여 동티가 나는 상황도 맞게 된다. 동티는 금기된 일을 하였을 때 귀신이 노하여 받는 벌로, 한자로는 '동토(動土)'라고 쓰는데 구체적인 징후는 신병으로 나타나는 경우가 많다.

동티가 나면 뚜렷한 징후 없이 시난고난 앓는 경우가 보통이다. 이보다 강력한 것으로는 살(煞)이 있다. 모진 기운이 사람이나 짐승에게 해를 끼친다. 이것을 풀어내기 위해 사람들은 살풀이굿을 한다.

내가 직장 초임 시절의 일이다. 진도 소재지에서 며칠을 머물며 밤새껏 이어지는 살풀이굿을 구경했다. 어떤 이가 객지에서 비명횡사를 하여 영혼을 위로하는 굿이었다. 그때 보니 무녀는 종이로 접은 모자를 쓰고서 마당에 긴 무명베를 늘어뜨리고 구슬픈 목소리로 영가를 불러내는 노래를 하고 있었다. 밤공기가 찬데 밤하늘에 울려 퍼지는 무녀의 목소리가 무섭기도 하고 처연하기도 하였다.

예전, 무녀가 공수하는 이야기를 들었다. 한마을에서 자란 또래 친척이 객지에서 공직생활을 하다가 젊은 나이에 죽었다. 아직 결혼도 하지 않은 때였다. 그런지라 집에서는 그가 어떻게 생활했는지 알 수도 없었다.

가족은 고혼을 달래려고 씻김굿을 했다. 그런데 놀라운 일이

105

일어났다. 혼령이 나타나 무속인의 입을 통해 공수를 주는데 통장을 어디에 두었고, 누구에게 얼마만큼의 돈을 빌려주었으며 귀중품은 어디에 보관해두었다며 생시의 목소리로 나타나 말해주는 것이었다. 그리하여 사후정리를 깔끔하게 하게 되었다.

그런 이야기를 들었는데 얼마 전에는 지인으로부터 재미있는 이야기를 듣게 되었다. 어느 부인이 회를 먹고 비브리오 패혈증에 걸렸는데 낫지 않았다. 처음에는 고장에 있는 병원을 찾았다. 경과가 좋지 않아 다시 도청소재지 대학병원으로 옮겼다. 그런데도 차도가 없어 급기야는 서울 대형병원에 가서 입원 치료를 받게 되었다.

그런데도 낫지 않아 처음 입원했던 병원으로 내려왔다. '무엇이 잘못되었을까.' 부인은 곰곰이 생각해 보았다. 마음속에 찜찜한 생각이 고개를 들었다. 혹시 그 일 때문은 아닐까. 불길한 생각에 이웃에 사는 지인에게 말을 하게 되었다. 들려준 이야기는 다른 게 아니고, 산책하다가 소피가 마려워 남의 무덤가에 용변을 본 일을 말해주었다.

그런데 그 말을 들은 여인은 무덤에 찾아가 쌀과 팥을 뿌리고 오라 하더란다. 그런데 그렇게 했는데도 차도는 없었다. 한데 내가 아는 지인의 부인이 그 말을 전해 듣고 어느 모임에서 그 말을 꺼내니 자기는 천주교 신자지만 미신을 믿는다며, 정식으로 제물을 장만하여 당사자가 직접 무덤에 가서 빌어보라고 하더란다.

이때는 이미 상태가 극도로 악화되어 걷기도 어려울 정도가 되었는데, 가족들도 상태가 심각한 것을 알고 검은 상복까지 준비한 상태였다. 이런 상황을 맞아 지인 부인은 환자 남편과 함께 시장에 들러 떡과 과일 등 제물을 장만하여 묘를 찾아갔다.

이때는 지인이 환자를 업고 남편과 부인이 제물을 들고 뒤따랐다. 이날은 비까지 내려서 산길을 걸어가기가 어려웠다. 마침내 음식을 진설하고 부인이 참회의 눈물을 흘리면서 빌었다.

"우매한 제가 잘못을 저질렀습니다. 한 번만 용서해 주십시오. 앞으로 다시는 그리하지 않을게요."

대성통곡하며 빌었다. 그런데 이상한 일이 일어났다. 조금 전까지도 혼자서 한 발자국을 떼지 못하던 환자가 벌떡 일어나더니 부축도 받지 않고 스스로 걷는 것이었다. 그 이후, 후일담이다. 엊그제는 지인이 그 환자 가족과 식사를 했는데. 병은 씻은 듯이 낫고 예전처럼 건강해졌다고 한다. 그 환자는 고마운 정을 잊지 못하겠다며 나중에 금일봉과 함께 과일 선물도 하더란다.

얼마나 신비한 일인가. 이런 것을 생각하면 주변에서 일어나는 각가지 현상들을 백안시하여 마냥 허무맹랑한 것으로 치부할 일은 아니지 않은가 한다. 무엇이 작용한 것이 아니라면 어찌 비브리오 패혈증에 걸려 다 죽어 간 환자가 일어설 것인가. 그것을 생각하면 아무 곳에서나 분별없는 짓을 해서도 안 되겠지만 비손을 하는 일을 두고서 미신이라며 마냥 터부시할 일도 아니지 않은가 한다. (2023)

병옥이 형님

상재(桑梓)의 땅인 고향을 굳건히 지켜온 병옥 형님이 세상을 떠났다. 향년 82세이다. 그만큼 파란만장한 생애를 사셨다. 그런 형님이 막상 세상을 떠나니, 마치 살던 고향을 잃어버린 것 같은 상실감이 밀려온다. 서둘러 장례식장을 다녀온 후, 아직 제정신을 차리지 못한 상태로 하루를 보냈는데 사촌 매제로부터 감격 어린 조사(弔詞)가 도착했다.

"내 절친 처남 林秉英, 세상 순수, 소박한, 정직한, 다정한, 근면한, 검소한, 순진한 한 사람을 뽑는다면? 세상, 평생 선산 보존, 영농 귀재, 소지(掃地) 달인, 청정한 한 사람을 뽑는다면? 그가 바로 나의 절친 처남 임병영."

이렇게 시작되는 추도사였다. 그것을 보면서 내가 감격한 것은 두 사람이 갑장이고 처남 매제 지간이라는 인연도 있지만, 글이 전하는 진솔함이었다. 무엇보다도 눈 여겨지는 것은 두 사람 간 대비되는 신분 차이이다.

형님은 어릴 때 고열을 앓아 귀가 약청(弱聽)인 심신미약자이다. 거기다 배움이라고는 초등학교 문턱도 들어선 적이 없다. 그런 데다 평생 시골에서 흙을 일구고 농투성이로 살아왔다. 반면에 매제는 교수 출신에다 호남 굴지의 사립대학교에서 이사장을 지낸 사람이다.

그런 그가 처가에 내려가면 한 방에서 같이 잠자고 먹으며 산소도 함께 둘러보고 여행도 같이 다니는 등 추억을 쌓았다는 것이 아닌가. 얼마나 흐뭇한 이야기인가.

정황상 짐작은 가지만 내가 미처 몰랐던 일이다. 그런 데는 내가 20대 중반에 고향을 떠나서 타지생활을 해 온 때문이다.

내가 모르는 사이에 그토록 살가운 인연을 쌓고 살아왔다니. 큰 감동으로 다가왔다. 어디 그리하기가 쉬운 일인가. 눈높이 맞춰서 대화하기도 어렵거니와 예사 사람 같으면 터놓고 무시는 하지 않더라도 상대하기를 꺼릴 것이다.

그런데 그렇지를 않고 남다른 우애로 살아왔다니 고맙고도 놀라웠다. 물론, 절친한 유대를 유지한 것은 매제의 살갑고 따뜻한 인품이 작용했을 것이다. 그렇지만, 한편 생각하면 형님의 티 없이 맑은 순진무구함도 그런 관계를 유지하는 데 한몫을 했지 않았나 생각된다.

나는 형님의 부음을 듣고 앞뒤 돌아볼 새 없이 서둘러 장례식장으로 달려갔다. 광주는 내가 거주하는 여수에서 만만치 거리이고, 중환자를 집에 두고 있는 입장에서는 쉽지 않은 발걸음이다.

장례식장은 호젓한 변두리에 있었다. 입구에 들어서며 호실을 알리는 알림판을 살피는데 내걸린 형님의 사진이 보였다. 그걸 보니 정말 돌아가셨구나 하는 실감이 밀려왔다. 모셔진 곳을 찾아가 분향재배하고 영정을 대하니 그간 함께 해온 세월의 편린이 주마등처럼 뇌리를 스쳤다. 자연스레 울컥해지면서 콧등이 시큰해지며 눈시울이 뜨거워졌다.

최근래 내가 형님을 뵌 것은 7, 8년 전이다. 아들이 변호사 시험에 합격한 것을 기념하여 고기를 사 들고 고향에 찾아가 마을 사람들을 모셨다. 그때 형님을 뵈었다. 이미 70 중반을 넘어선 형님은 전보다 많이 수척해 있었다.

그런 가운데서도 얼굴 가득 웃음을 지으며 나의 손을 붙잡고 한동안 놓지 않았다. 힘든 일로 거칠어진 손에서는 따뜻한 온기가 전해졌다.

그 후, 형수님이 돌아가셔서 아우가 먼 나라 카자흐스탄에서 일시 귀국을 했다. 그때 형수님 산소를 둘러보면서 고기를 사 들고 형님 집을 방문했다. 그런데 형님은 그간 치매가 발병하여 집에 계시지 않았다. 광주 요양병원에 입원했다는 것이다. 혼자 외롭게 집을 지키는 형수님에게 고기 봉지를 드리고 돌아왔다. 그러고 나서 한 달 만에 돌아가신 것이다. 그러니까 뵌 지는 수년이 지났다.

형님은 나보다 네 살이 위다. 그러나 나이 터울과는 다르게 어렸을 적에 친구처럼 지냈다. 그런 만큼 공유한 추억이 많다. 가장 오래된 추억은 6·25 때 큰집이 지방 폭도들에게 불살라지는 참화를 당했던 일이다. 그때는 어려서 본채가 타는 것은 보지 못하였고, 나중에 불에 탄 폐허에서 형과 함께 호미를 들고나가 무엇을 캐냈던 생각이 난다. 엽전이 아니었던가 싶은데 그것을 같이 캐내며 시간을 보냈다.

그런 우리와는 달리 큰아버지와 아버지는 허탈한 모습으로 먼 곳을 바라보며 망연하게 서 있던 생각이 난다. 그때가 내 나이 여섯 살, 형이 열 살이었다. 그 후로 함께 꼴을 베러 다니고 산에 올라 땔감용 솔방울을 주워 날렸다. 고기잡이도 늘 함께했는데 한번은 형이 가장자리가 일그러진 냄비로 물을 뜨다가 내 눈자위를 타격하는 바람에 그만 살이 찢겨서 피를 엄청나게 흘렸다.

그때 나는 눈알이 빠져버린 줄 알았다. 아프고 피가 많이 나 엉엉 울면서 돌아온 기억이 생생하다. 그때 입은 상처는 지금도 훈장처럼 왼편 눈자위 위에 희미하게 남아 있다.

예전에 내가 한 번씩 고향을 들르면 가장 반기는 사람이 형님이었다. 그렇게 나를 반갑게 맞으며 아껴주었다. 그 이야기는 장례식장에서도 화제에 올랐다. 형수님 말씀과 조카의 말에 따르면 내가 왔다는 말을 들으면 보려고 제일 먼저 달려갔다는 것이다. 그만큼 평소에 나를 믿고 신뢰했다는 이야기다.

돌이켜보면 형님은 한평생 힘든 농사지으며 얼마나 고생하며 애로가 많았을까. 문맹으로 살면서 농사짓고 살기가 얼마나 고달팠을까. 그러나 주위 사람들의 걱정과는 달리 형님은 타고난 농사꾼이었다.

눈으로 익힌 영농기술로 거뜬히 농사를 지었다. 거기다가 농기계도 못 다루는 게 없었다. 기상도 누구보다 더 잘 살피고, 농약이며 논의 복토작업이며 볏섬을 수매하는데도 차질이 없었다.

그런 형님은 치명적인 신체의 결함에도 불구하고 나중에는 한글을 읽혀서 읽고 쓰는 데 불편함이 없게 되었다. 그런 것을 생각하면 타고난 영민함이 있는데 일찍이 가르침을 받지 못한 것이 안타깝다.

말년에는 딸이 사다 준 라디오로 노래도 즐겨듣고, 텔레비전도 즐겨 보았다는데 그만한 문화생활을 즐긴 것도 다행이라고 할까.

오늘이 출상 날인데, 가족들은 고인을 일단 모시고 고향 집을 둘러본다고 한다. 잘한 일이다. 평생을 고향을 지키고 살았고, 선산을 돌봐왔는데 얼마나 가고 싶은 고향 집이었으랴.

그렇지만 가족들이 모여 사는 광주 근교에 모시기로 했단다. 한 번씩 찾아보려면 그것이 나을지도 모르겠다. 형님의 한 생애를 돌아본다. 병옥이(본명 병영) 형님, 한 세상을 누구보다 정직하게 사셨고 맑은 영혼으로 피땀 흘려 열심히 사신 형님. 그렇지만 애잔한 마음이 가시지 않는 형님. 이승에서의 고달픔 다 내려놓으시고 하늘에서 편히 쉬시길 빈다. (2023)

쌍둥이 판다, 탄생을 보고 느낀 것

　최근에 용인 에버랜드에서 국내 최초로 자이언트판다 쌍둥이가 태어났다. 이는 국내에서는 처음이고 중국에서도 그 유래를 찾아보기 어려운 일이라고 한다. 에버랜드에서는 금년 7월 7일, 10살 수컷 러바오와 9살 암컷 아이바오가 합방한 지 4개월 만에 암컷 두 마리를 낳았다. 경사스러운 일이 아닌가 한다.
　자이언트 판다는 임신이 어려운 동물로 알려져 있다. 암수가 함께 생활하지도 않고 가임 기간이 일 년에 한 번 봄철 1~2일에 지나지 않아 시기를 맞추기 어렵다고 한다. 그런데도 용인 에버랜드에서는 3년 전에 새끼 한 마리를 탄생한 데 이어 이번에 두 번째 경사를 맞은 것이다. 사육사의 지극한 정성이 더해졌음은 말할 것도 없다.
　그런데, 이 새끼들은 용인 에버랜드의 소유가 아니라고 한다. 2016년 한국과 중국이 체결한 '자이언트판다 공동연구협약'에 의해서 태어난 새끼의 소유권을 중국이 갖도록 조처했기 때문이다.

이로 인해 먼저 태어난 언니 푸바오는 네 살이 되는 내년에 배필을 만나기 위해 중국으로 들어갈 예정이란다. 이번에 태어난 판다도 앞으로 일 년 반에서 2년간 엄마와 함께 지내다가 똑같이 보내진단다.

그 기사를 대하니 안타까운 마음이 든다. 조선 시대에 행해지던 노비종모법도 아니고 새끼까지 소유로 만든 중국의 처사가 너무 지나친 것이 아닌가 하는 생각도 든다.

한데, 이는 우리가 배우고 느끼며 실천할 바가 아닌가 한다. 자기 것을 지키고 명품으로 만드는 정책을 두고서 마냥 너무 한다고 감성적으로 대할 일은 아니기 때문이다. 생각해 보면 국가 대계를 위해서 자기 것을 지키는 일은 얼마나 중요하고 바람직한가.

과거의 우리를 돌아볼 때 회한이 있는 것이다. 우리나라는 지금은 국토가 줄어들었지만, 옛날에는 동북아 한 영역을 차지하고 살았다. 그러면서 일찍이 농경문화를 정착시켰는데 그 역사는 실로 1만 3천 년 전으로 거슬러 올라간다.

1991년 경기도 김포에서는 기원전 2100년 경에 농사지은 볍씨가 발견되었다. 그리고 1998년 충북 청주시 소호리에서는 이보다 오래된 기원전 1만 3천 년 된 볍씨 129톨이 출토되었다. 이것은 세계적으로 가장 오래되었다고 알려진 것보다 무려 3천 년이 앞선 것이다. 따라서 쌀의 기원지가 바뀌게 되었다.

콩의 역사도 마찬가지다. 대두(콩)도 우리나라에서는 삼한 시대부터 재배했다고 한다. 그렇다면 우리나라가 벼뿐만 아니라 콩도 원산지가 분명한데, 지금의 형편은 어떤가. 원조를 주장하기가 부끄럽게 다른 나라에서 수입하기에 바쁘다.

종자 전쟁에서 밀려도 한창 밀리고 있다. 최근 들어 정신을 차려서 로열티를 지불하는 부담에서 다소 벗어나고 있지만, 상당 부분은 아직도 종속관계에 놓여있다.

그것을 보여주는 안타까운 사례가 있다. 흔히 '라일락꽃' '미스킴라일락'이라고 불리는 라일락은 우리나라가 원산지이다. 그런데 어느 날부터 국적 불명의 나무로 취급되더니 지금은 외래종 비슷하게 되어버렸다. 개량을 거듭한 가운데 미국의 꽃나무로 재탄생하고 말았다.

여기에는 안타까운 내력이 전해진다. 때는 1947년. 미 군정청에 근무하던 '엘윈 M. 미더'가 하루는 북한산에서 향취가 그윽한 토종 수수꽃다리 '일명 털개회나무'를 발견했다. 그는 씨앗을 받아 본국으로 가져갔다.

그는 이것을 싹 틔워서 이름을 '미스킴라일락'으로 붙였다. 이 나무는 미국에서 선풍적인 인기를 끌었다. 꽃이 아름다운 데다 향기가 매우 좋았기 때문이다.

나중에 이것이 역수입되었다. 그리되어 지금은 사람들이 본래의 이름인 수수꽃다리는 잊어버리고 '라일락'으로만 기억한다. 하지만 기록을 찾아보면 이것은 엄연히 우리의 것으로 정향(丁香)이라는 이름으로 나와 있다. 〈속동문선〉에 실린 남효원의 글에 보면 '정향꽃 꺾어 말안장에 꽂고 그 향내를 맡으며…'라는 글

귀가 있다. 이렇듯 수수꽃다리는 우리가 사랑했던 우리 꽃나무였으나 지금은 정체성을 잃어버리고 국적 불문의 것이 되었다.

이것 말고도 안위가 위태로운 것이 있다. 정선 동강에는 토종 식물 '동강할미꽃'이 서식하는데 들리는 말에 이것의 생태가 위협을 받고 있다고 한다. 사진작가들이 하도 많이 몰려들어 짓밟아 놓은 바람에 성한 것이 거의 없고, 일부는 사람들이 뽑아가기까지 해서 개체수가 현저히 줄었다고 한다.

한편, 경기도 광릉에 서식하는 토종 요강꽃 또한 앞날을 장담하기 어렵단다. 희귀한 식물이라는 말이 퍼져서 탐내는 사람들이 은근히 눈독을 들이기 때문이다. 그러나 이것은 특정한 땅에서만 균사에 의해 서식하는 것이라 반출하면 곧바로 죽어 버리고 만다고 한다.

이러한 터에 우리 것의 소중함을 모르고 함부로 대한다면 장래는 어떻게 될까. 온전하게 보존되기 어려울 것이니 걱정된다. 토종 수수꽃다리가 어느새 우리 곁에서 자취를 감추었듯이 우리 것을 지키고자 하는 노력을 기울이지 않는다면 앞으로 어찌 될지 모른다.

그런 면에서 보면 중국이 자이언트 판다에 대해 어미가 낳은 새끼까지 소유권을 주장하는 것이 조금은 지나친 것이 아닌가 하는 생각도 들기도 하지만, 자기 고유의 자산을 지키고자 하는 점은 본받아야 하지 않는가 한다. 쌍둥이 판다의 출산 소식을 접하면서 중국이 거기에 딸린 부대조건을 단 것을 보며 그러한 생각을 해 본다. (2023)

넘지 말아야 할 선(線)

 살아가면서 지켜야 할 선(線)이 많다. 그것은 정도가 부족해서도 아니 되지만 지나쳐서도 아니 된다. 이를 두고 흔히 금도라는 말을 쓰는데 이것은 어떤 선을 지키라는 말로 들린다. '금도를 지켜라', '금도를 넘어섰다'라고 하는데 사전에는 그런 말은 없다. 단지 금도(襟度)가 있는데 이는 '남을 포용할 만한 너그러운 마음과 생각'으로 나와 있다.
 말하고자 하는 의도와는 사뭇 다른 풀이이다. 그러함에도 우리는 대화나 글에서 종종 그런 표현을 대한다. 어휘가 보기에 고급스럽게 느껴져서인지 모른다. 하지만 아무렇게나 끌어다 쓸 말이 아니다.
 '어떤 선을 넘어섰다'라는 말로 받아들일 수가 없기 때문이다. 막연히 하나의 조어로서 자의적으로 금할 禁, 법 度를 써서 말하는 것인지 모르지만 사전에도 없는 억지이다.

한데도 사람들의 언어생활에 이 표현은 광범위하게 쓰이지 않는가 한다. 이렇듯 잘못된 표현과 넘지 말아야 할 선. 아무리 자유로이 의견을 말하는 자리일지라도 지켜야 할 선이 있다. 도를 넘으면 문제가 된다. 이는 속담도 경계를 한다. '남 앞에서 해야 할 말이 있고 하지 말아야 할 말이 있다.'라고 한 것이 바로 그것이다. 한데, 이렇듯 경계해야 하는 것을 문인이 소홀히 하면 어찌 될까. 생각 없이, 함부로 써서 발표한 것은 문제가 있지 않나 생각한다.

아무리 표현한 것이 사실일 개연성이 높고 널리 알려져 있는 내용이라 할지라도 받아들이는 측에서 불편함을 느낀다면 피하는 것이 옳지 않을까. 그래야만 그로 인해 발생한 문제 이전에, 문인은 진실을 밝히는 역사학자나 향토사학자가 아니기 때문이다. 그 대상을 준엄히 꾸짖어야 할 사안이 아니라면 정서적으로 접근함이 요구되며 그게 바른 태도가 아닌가 한다. 그러한데도,

"사실을 쓴 건데 뭘."

이런 태도는 바람직하지 않다는 생각이다. 그런데 과거에 그런 글을 써서 문제를 일으킨 문인들이 있었다. 한 분은 유명한 시인이고 다른 한 분은 저명한 소설가인데, 그들은 자기가 쓴 글이 지역민으로부터 반발을 사자 '사실을 사실대로 쓴 것'이라고 일축했다. 그 일은 나중에 크게 분란을 일으켰다. 마치 사실을 따지는 역사학자나 향토사학자나 할 수 있는 언행을 보인 것이다.

그 바람에 유명 시인의 시비는 파손이 되고, 유명 소설가는 자

기의 문학비가 고향에 세워지길 염원했지만, 지역민의 극렬한 반대에 부딪혀 고향에 세워지지 못하고 그냥 살았던 집 앞에 세워졌다.

때는 1984년. 우리나라 일곱 번째 큰 섬인 돌산과 여수 남산동 간에 돌산대교가 놓이자 3년 후 돌산읍 우두리에 대교 기념탑이 건립되었다. 이때 시에서는 서정주 시인에게 축하 시를 의뢰했다.

그런데 시구의 한 구절이 문제가 되었다. '피란민 자손들의 염원이 이루어졌다'라는 대목이 지역민의 반발을 샀다. 왜 우리가 피란민 자손이라는 말이냐고 거센 항의를 한 것이었다. 이것은 반은 맞고 반은 틀린 것이다.

일부의 사람들이 이순신 장군이 경상도 앞바다에 나아가 왜적을 물리칠 적에 피란민이 생겨 그들을 데려와 돌산 둔전(屯田)에서 살게 했는데, 그 후손이 있기는 한 것이다. 그렇지만 전체 주민은 아니다. 이전부터 이미 많은 토착 주민들이 살고 있었던 것이다. 그러니까 토착 주민의 후손들이 반발한 것이었다.

주민들이 시인의 집을 찾아가 이를 항의하며 고쳐놓지 않으면 파손하겠다고 하자, '고칠 수 없다. 마음대로 해라' 하여 철거가 되고 다른 사람의 시가 대신 새겨진 것이다. 다소 급이 떨어진 시가 그 자리를 차지하고 있다는 생각이 들 때마다 스치는 아쉬움이 있다.

또 한 사람의 소설가는 공연히 고집부리다가 일이 크게 뒤엉키고 말았다. 그분은 정을병 소설가. 경남 남해 출신으로 한 시대를 풍미한 작가이다. 그는 거침없는 필력으로 '아테나이의 비명' '말세론' '개새끼들' 등 많은 작품을 남겼다. 그는 고향을 사랑하여 평소에 고향에다 난을 많이 심었고, 살고 있는 서울 집에는 고향에서 가져온 홍매화를 심어두고 구경을 하였다.

그런데 그런 그가 1993년, 월간중앙 5월호 기고문에 "임진왜란 당시 일본군이 남해를 교두보로 삼아 활동했으며 다수 부녀자를 겁탈한 기록이 있다. 남해군민 중에는 이와 같은 피해를 입은 사람들의 후손도 있을 것"이라는 요지의 글을 게재했다.

거기서 한발 더 나아가 '언어에서도 풍습에서도 그런 것을 가끔 구경할 수가 있다.'라고 해버린 것이다. 그것을 접하고 군민들은 들불처럼 들고일어났다. 남해군 32개 사회단체 대표 및 군위원회에서 규탄위원회를 결성했다. 그러고는 공개질의를 했는데, 여기서도 사과를 하지 않고 '사실을 말했을 뿐'이라고 끝내 물러서지 않는 것이다.

그 바람에 그가 2009년 향년 75세로 눈을 감은 이후, 이렇다 할 조명사업이나 문학비 건립 운동마저도 번번이 무산되고 있다. 그는 타계하기 전 친구인 한맥문학 발행인 김진희 선생에게 '앵강 바다가 보이는 동네(이동 금평 마을) 언덕에 문학비 하나 세워 달라'고 했다는데 소박한 소원이 이루어지지 못한 것이다. 그런 사정을 돌아볼 때, 작가의 글쓰기는 어느 쪽을 향해야 하는가를 생각해 보게 한다.

그것은 얼마나 사실을 들쑤셔 상처를 헤집어 놓을 것인가, 주민의 입장에서 아픔을 느낄까를 생각해 보게 된다. 우리나라는 나라가 생긴 이후 993번의 외침(外侵)을 받았다. 그중에 거란의 침략, 몽골의 침략, 청의 침략, 일본의 침략은 피해가 극심한 것이었다. 그 과정에서 수많은 인명 참화와 부녀자 겁간이 이루어졌다. 오죽했으면 '고쟁이'의 슬픈 이야기가 전해오고, 청에 끌려간 환향녀들에게 임금이 나서서 청계천에 들어가 목욕을 하라고 하여 치욕을 씻어주었을 것인가.

문학은 독자에게 위로가 되고, 또한 문학하는 사람은 그런 일에 충실해야 한다는 점에서 앞의 사례는 넘지 말아야 할 선을 넘었다는 생각에 공연히 안 부려도 될 고집을 부린 것이어서 더 안타깝게 생각된다. (2023)

감사패

 어떤 일을 들춰내 상을 받을 것인가, 그것을 덮고서 조직의 안정을 도모할 것인가. 이런 명제 앞에서 셰익스피어의 '살 것인가 죽을 것인가'를 대입할 필요는 없지만, 위급한 상황에서 고뇌했던 적이 없다면 솔직한 답변은 아닐 것이다.
 직장생활을 하던 어느 시기에 중차대한 일을 겪은 일이 있다. 내가 공로를 주장하면 조직이 난처한 상황에 몰릴 것이고 그것을 덮고 말면 내가 거둔 공은 없어지는 그런 기로였다.
 여기서 나는 입을 다무는 후자를 택했다. 조직에서도 그쪽으로 몰고 가고 있어서 내가 별쭝나게 인정을 받으려고 나댈 필요는 없었다.
 결국, 그것은 없었던 일로 치부되었고 그 일을 상징하는 기념물로 감사패 하나만 남았다. 그것도 특이하게 당시 내가 데리고 있던 소대원들이 합동으로 만들어준 것이었다.

그 일을 떠올린 건 지역에서 함께 거주하며 수필을 같이 쓰는 K 선생이 그간 방에 보관하고 있던 많은 책을 내다 버린 가운데 상패도 함께 버렸다는 말에 옛일이 떠올랐다.

나 또한 그간 소장했던 책들을 많이 버리고 상패와 기념패 몇 개만 가지고 있을 뿐이다. 이것도 나중에는 버려야 할 상황이 오면 치워야 하겠지만, 그런데 어느 것 하나만은 생을 다하는 날까지 소장하고 싶다.

왜냐하면, 내가 직장생활을 하는 중에 가장 극적인 일이면서도 어찌 보면 가장 보람된 일을 한 하나의 증표이기 때문이다. 설령 상부에서는 철저히 은닉시킨 바람에 묻혀버린 일이지만 대원들은 그럴 수는 없어서 돈을 갹출하여 직접 만들어준 고마움의 표시이기 때문이다.

때는 광주민주화운동이 일어나고 일 년이 지난 후, 내가 전경부대 소대장에 발령을 받고 근무할 때였다. 임지에 부임해 보니 근무여건이 대단히 열악할 뿐 아니라 부대 내의 사정이 문제가 많았다.

학생시위가 격화되자 경찰청에서는 기존 2개 중대로 운영하던 체제를 두 배 더 늘려서 4개 중대로 편제를 바꿨다. 내가 부임한 부대는 바로 그 증설 부대 중 하나였다. 경력(警力) 구성은 효율적으로 운영을 하기 위해 고참이 입대한 지 2년이 넘지 않고 신참은 6개월 이상 자로 충원해 놓고 있었다.

한데 상부에서는 간과한 것이 있었다. 번거롭게 인사발령을 자주 하지 않으려고 행한 조치지만 집단생활을 하는 곳에서는 제대가 임박한 최고참이 아니라도 언제나 상전이 있게 마련이다.

그런데 그걸 감안하지 않은 것이었다. 그러다 보니 부대에서는 앞선 기수가 장기간 고참 노릇을 하고 하급자는 계속 졸병 노릇을 하는 문제점이 발생했다. 내가 그러한 상황을 파악하고 하급자가 불만이 있다는 것을 알게 된 것은 사건이 일어나기 한 달쯤 전이었다.

그 상황을 보고했지만, 상부에서는 그에 대한 조치는 취해지지 않았다. 그 무렵 나는 집이 멀어서 주말에도 그대로 부대에 머무는 때가 많았다. 그때마다 나는 대원들을 불러서 분대별 탁구 시합을 하며 유대를 강화했다.

그게 재미나서가 아니라, 대원들과 소통을 원활히 하고 소대 내 단합을 끌어내기 위해서였다. 상담 제도가 있기는 하지만 잠시 잠깐 불러서 물어본다고 속내를 다 말해주는 것이 아니기 때문이었다.

나는 당시 대원들을 통제하려면 스킨십이 많아야 한다는 신조를 가지고 있었다. 연일 시위 진압에 나서는데 그러한 소통은 필수라고 생각했다.

그러던 어느 날이었다. 중요한 정보를 얻게 되었다. 최하급 기수가 6개월 이상 식사 당번을 계속하는 바람에 고참병들에 대한 불만이 쌓이고 그것이 언제 폭발할지 모른다는 내용이었다.

이 사실을 긴급하게 중대장에게 보고되고 다른 소대장에게 알렸다. 하나 별다른 조치를 취하지 않은 가운데 그냥 시간만 흘러갔다.

그러던 중 어느 토요일 오후였다. 중대장도 퇴근하고 당직 소대장도 집이 광주이라서 언제든지 복귀 가능하다는 핑계로 집에 들어가 버리고 그 소대 부관이 대신 당직을 서고 있던 날이다.

그 시각 나는 우리 소대원을 내무반에 모아놓고 정신훈화를 하고 있었다. 한데 갑자기 최하위 기수가 손을 들어서 잠시 밖에 나갔다 오겠다고 했다. 그것을 신호로 다른 신참 대원 4명이 일어나며 자기들도 나가겠다며 가세했다. 나는 본능적으로 위기를 직감했다.

'무슨 일이 있구나.'

나는 단호히 거절했다. 그러고 나서 한 5분 정도 지났을까. 우리 소대 콘센트 막사 유리창이 우당탕 부서지는 소리가 났다. 그러면서 내무반으로 시위 진압용 방패가 날아들었다. 그와 동시에 밖에서 "기수들은 전부 나와, 나와" 하는 소리가 들렸다.

마침내 부대 내 폭동이 일어난 것이다. 나는 그때 고참병들을 문 양편에 세우고 모든 매트리스를 머리에 쓰고 엎드리라고 소리쳤다. 한 10분 정도 지났을 때였다.

인근의 5중대장이 병력을 이끌고 나타났다. 그렇지 않았다면 그 상황은 큰 사태로 돌변했을 것이다. 나중에 안 일이지만 며칠 전 각 소대 최하 기수 20여 명이 모여서 이날 고참병들을 응징하고 도청으로 진출할 계획을 세웠다는 것이다.

그 일을 떠올리면 지금도 가슴이 서늘하고 등골이 오싹해진다. 만약 그때 내가 우리 소대원의 이탈을 막지 않았다면 어떻게 되었을까. 큰 사태가 벌어져 도하신문에 대서특필이 되었을 것이다. 그리고 당시 중대장은 불가피하게 옷을 벗지 않을 수 없었을 것이다. 중대장은 나중에 경찰청 차장까지 직위가 올랐는데 운명은 바뀌고 말았을 것이다.

그러니 이 기념패를 소홀히 할 수 있겠는가. 기념패에는 이렇게 쓰여 있다.

〈당 소대를 위하여 헌신 노력하신 노고에 감사드리며 앞날에 무궁한 발전과 행운이 깃들기를 기원합니다〉 그리고 아래는 특정한 이름 대신 대원 일동이라고 쓰여 있다. 전경대 근무를 마치고 일선 경찰서로 복귀할 때 받은 선물이다. 무엇보다도 이것은 자발적으로 대원들이 진심을 담아 만들어 준 것에 뜻을 둔다.

당시의 대원들을 떠올려 본다. 세월이 많이 흘러 지금은 모두 60대를 넘어서고 있을 것인데, 기념패를 보면서 그날의 엄청난 일을 되새겨본다. 생각할수록 이 기념패는 내 공직생활에서 가장 극적인 순간에 가장 보람된 일을 한 것으로 가장 값진 증표가 아닐 수 없다. (2016)

천생 한국 아이

세상을 살면서 사람의 목숨을 구할 기회가 얼마나 있을까. 남의 목숨을 구하는 일은 경찰관이나 소방관, 의료기관 종사자처럼 위급한 일을 처리하는 것을 본업으로 한다 해도 그런 기회를 만나기는 썩 쉽지 않을 것이다.

예로부터 활인공덕(活人功德)의 일은 하늘이 내려준 기회라는 말이 있다. 그만큼 어렵다는 말이다. 그런데 나는 얼마 전 한 아이를 살려낸 일이 있다. 스스로 생각해도 기념비적인 일로서 아주 보람된 일을 하지 않았나, 생각한다. 전혀 예상치 못한 상황에서 한 일이었다.

그렇지만 나는 아무에게도 그 사실을 말하지 않았다. 다만 가슴에 새겨두고자 이름과 나이, 다니는 학교만 알아내어 일기장에 기록해 두고 있다.

그 일은 실로 우연한 기회에 이루어졌다. 시내 외곽에서 모임이 있어 나섰던 길인데 시간이 남았다. 그래서 소일 삼아 가까운 바닷가로 나갔다. 그런데 거기서 절체절명의 상황이 벌어지고 있었다.

한 아이가 호기심이 발동하여 매둔 남의 전마선에 올라 밧줄을 푼 것 같다. 밧줄이 풀린 배는 대책 없이 떠내려갔다. 나는 그 광경을 처음에는 보지 못하고 다른 꼬마 아이가 새끼줄을 주워 내닫는 것을 보고서 위기 상황을 직감했다.

"왜 그러냐? 무슨 일 있어?"

물으니 친구가 배를 타고 떠내려가고 있다는 것이었다.

"침착하고 상세히 말해봐"

그러니 대충 이야기를 해주었다. 호기심이 발동하여 남의 전마선을 훔쳐 탔다는 것이다.

말하는 그때 썰물에 떠밀려가는 전마선이 산모퉁이를 돌아 모습을 보이기 시작했다.

나는 손으로 나팔을 만들어 외쳤다.

"그대로 가만히 있어! 움직이지 마!"

우선 안심부터 시켰다. 아이와 나와의 거리는 약 30 미터 정도. 그러니까 전마선은 바닷가에서 30미터쯤 떨어져 급한 물살에 빠르게 흘러가고 있었다. 아이는 뱃전을 붙들고 부들부들 떨고 있었다.

"움직이면 안 돼. 걱정하지 마 아저씨가 구해 줄 테니."

안심을 시키고 다른 아이가 주워온 새끼줄을 막대기에 연결하여 힘껏 던졌다. 그 막대는 다행히 배 안으로 떨어졌다. 그러면

일단은 안심이다. 이후부터는 아이를 안심시키는 가운데 서서히 노를 젓게 하면 된다.

"이쪽으로 노를 저어봐."

시키는 말을 얼른 알아듣고 아이가 힘을 냈다. 간격이 상당히 좁혀졌다. 이번에는 다시 줄에다 돌을 매달아 던져서 움켜쥐도록 했다.

"서서히 당겨봐. 그렇지. 그렇지."

아이가 줄을 당기니 간격이 좁혀지면서 뭍으로 닿았다. 마침내 구출된 것이다.

이야기를 들어보니 두 아이는 이웃에 사는 친구로 바닷가로 놀러 왔다고 한다. 한 아이가 호기심에 끌려서 정박해 놓은 전마선(傳馬船)에 올라 닻줄을 풀어헤친 것이다.

그 상황은 내가 도착하기 훨씬 전에 벌어진 일이었다. 아이는 거의 넋을 놓고 있는 생태였다. 그런 아이를 극적으로 구출하게 되었으니 얼마나 큰 행운인가.

만약에 내가 그때 발견하지 못 했다면 어떤 끔찍한 일이 일어났을지 모른다. 하염없이 넓은 바다로 떠밀렸을 것이다. 그 시각은 대략 오전 11시 30분경. 주변에 성인 한 사람 없는 상태였다.

내가 구조했던 상황이다.

나를 보자 아이가 외쳤다.

"사람 살려"

그 말에 구조 후 내가 말했다.

"아까 뭐라고 했냐. 사람 살려 했지?"

"네"

"짜식"

내가 군밤을 먹이는 시늉을 하자 아이가 씩 웃었다.

"어째서 그런 말을 했어?"

"나도 몰래 입에서 그 말이 나와 버렸어요."

내가 말했다.

"짜식, 너도 천상 한국 아이구나."

내가 그렇게 말한 이유가 있다. '사람 살려'라는 말은 한국 사람만이 쓰는 고유어라고 한다. 서양인은 '도와주세요.'라고 말하고, 일본인은 '나 좀 살려줘요'라고 말한단다. 나는 아이에게는 다시 한 번 그런 일을 하지 말라고 주의시켰다.

신원을 파악해 보니 아이는 이곳에서 그리 멀지 않은 곳에 다니는 초등학교 학생이었다. 여수 동백초등학교 4학년생 정해용(11세) 어린이였다. 집도 부근에서 가까운 청솔1차아파트에 살았다. 한편, 새끼줄을 들고 뛰어간 아이도 같은 학교로 한 학년 위인 박광범 어린이였다.

나는 그날 아이를 구출한 것을 큰 행운으로 생각한다. 누구라도 그런 상황에 처하면 도움을 주었겠지만 그런 기회가 어디 흔한 일인가.

일찍이 공자님은 어린이가 물에 빠지는 것을 구해주려는 마음은 사람의 본성으로서 인(仁)의 발현이라고 했다. 그렇다면 나는 인을 실천한 셈인가.

나는 그냥 천진난만하게 뛰어가는 아이의 뒤통수에 대고 큰소리로 다시 외쳤다.

"앞으로 남의 배는 함부로 타지 마, 알았지?"

"네"

아이는 크고 낭랑한 목소리를 남기고 쏜살같이 뛰어 내달았다. (2005)

정적(靜寂)과 파적(破寂)

한여름 점심을 먹고 나면 식구가 단출한 실내는 정적이 이어진다. 저 혼자 흥에 겨워 떠드는 텔레비전도 병중의 아내가 잠이 들면 마저 꺼두기 때문이다. 그러나 방금까지 울리던 여음은 이내 잦아들지 않고, 양푼에 담긴 물이 한동안 반복하여 출렁이다가 비로소 멈춰 서듯이 그 소리는 차차로 시간이 지나고야 소멸한다. 이때는 이전보다 더욱 묵직한 침묵이 자리를 잡는다.

그러면 이때를 맞추어 나는 버릇처럼 의자에 몸을 부리고 눈을 사려 감는다. 일부러 잠을 청하는 게 아니라 그 순간의 고요와 안정을 즐기는 것이다. 아침부터 온 신경이 아내에게로 쏠려 있던 터라 늘 긴장을 놓을 수 없는데 짬을 내어 풀어보려는 심사이다.

거실에서 시간을 보내는 아내와의 거리는 4~5미터 정도. 눈을 감고 있어도 신경은 온통 그쪽으로 모아진다. 그 때문에 아내가 몸을 뒤척이는 것이며 손을 번갈아 바꾸는 것까지 그대로 감지할 수 있다. 나는 그렇게 신경을 쓰면서도 한편으로는 또 애써 외면을 한다.

눈을 감으면 조금 전의 분위기와는 딴판의 세상이 된다. 가시적인 세계는 정지되고 상상의 세계가 펼쳐지는 까닭이다. 나는 이때 가장 적막했던 때가 언제였던가를 생각해 본다. 그러면서 어느 절을 찾아갔을 때 미풍도 없는 정온(靜穩)에서 굴뚝 연기가 곧바로 오르는데 대웅전 처마에 매달린 풍경이 가끔 뎅그렁거리던 것을 떠올린다.

그런가 하면 언젠가 본 울타리 끝 거미줄에 매달린 낙엽 하나가 한동안 같은 방향으로 연신 빙빙 돌다가 마치 바닷물이 정조상태(停潮狀態)에서 순식간에 방향을 바꾸어 다시 움직일 때처럼 그리 변화하던 때를 생각한다.

그런 순간만은 그야말로 미동 없는 정적 상태가 된다. 그러다가 한순간에 파적(破寂)을 감지한다. 실제가 아닌 상상으로 너른 파초 잎에 매달린 물방울이 둔중하게 떨어지며 소리를 내는 때처럼 극적인 변화를 상상한다.

그러다가 이윽고 정신을 깨워 번쩍 떠올려지는 게 있다. 그것은 바로 한 폭의 그림 파적도(破寂圖), 다르게는 야묘도추(野猫盜雛)라 일컬어지는 긍재(兢齋) 김득신(金得臣 1754~1822)의 그림이다. 이 그림은 실로 절묘하다. 들여다볼수록 재미있고 흥미진진하다.

그림 속의 어미 닭은 병아리를 이끌며 양광(陽光)을 즐긴다. 그런 가운데서 탕건을 쓴 중늙은이는 마루에서 몸 옆에 장죽을 놓아두고 돗자리 짜기에 빠져 있다. 그런데 이때 별안간 어미 닭이 놀라 '꼬꼬댁'을 외치며 날개를 펼치고 숨넘어가는 소리를 낸다. 주인이 반사적으로 소리 나는 쪽으로 고개를 돌리다가 순간 당황한다.

눈앞에 화급을 다투는 상황이 벌어지고 있기 때문이다. 검은 고양이 한 마리가 애써 키운 병아리를 물고 내빼는 모습이 목격된 것이다. 순간. 이런 불한당이 있는가. 목에 핏줄이 선 그가 보고만 있을 수 있는가. 순간 몸을 틀어서 장죽을 내저으며 "데끼놈!" 하고 외친다. 그 어름에 돗자리 틀은 마당으로 내팽개쳐지고 그도 함께 몸이 마당으로 쓰러진다.

이때 심상치 않은 낌새를 느낀 안주인이 방 안에서 득달같이 뛰어나온다. 그런 와중에 고양이는 꼬리를 치켜들고 달아나면서 한껏 여유를 보이며 돌아본다. 그 동작이 마치 '뭐 병아리 한 마리 실례한 것을 그러오. 너무 노여워 마오' 하는 눈치이다. 그야말로 순간 포착이 두드러진 작품으로 그림 속에서는 한바탕 우지끈하게 정적이 깨지는 전경을 묘사되어 있다.

긍재는 영·정조 시대를 산 사람이다. 그는 이 그림을 그려서 어느 임금에게 보여주었을까. 당시 도화서 화원들은 자유로이 궁 밖을 나갈 수 없는 임금의 어명을 받고 백성들의 모습을 그려 올렸다고 하는데, 이 그림도 그런 경위로 탄생한 것은 아닐까. 모르긴 하지만 임금님이 보았다면 그림을 감상하며 파안대

소를 했을 것 같다. 파적을 형상화한 것이 너무나 절묘해서다.

그런저런 생각을 하면서 실눈을 뜨고 잠이 든 아내를 건네다 보니 여전히 숨결이 고르다. 정적은 계속 이어진다. 하지만 그것은 그리 오래 계속되지는 않을 것이다. 요즈음은 무시로 사람들이 문을 노크하면서 전도를 하거나, 유기농 계란을 권유하거나 아니면 건조대 위에 때까치가 날아와 울어대기도 해서이다.

눈을 감고 등받이 의자에 기대앉아서 오늘은 무엇이 정적을 깨트릴지 엿을 본다. 모처럼 호사스럽게 누려보는 나만의 넉넉한 시간. 무료한 한때의 값진 오후다.

열두 시간의 착각

 어제 오후와 오늘 아침 일어난 일을 생각하면 쓴웃음이 나온다. 정확히 말하면 어제 오후 여섯 시와 오늘 아침 여섯 시에 벌어진 일인데 마치 무엇에 홀린 듯한 기분이다. 어제 점심을 먹고 나니 몸이 좀 노곤했다. 그래서 거실에서 TV를 켠 채 소파에 기대앉으니 졸음이 몰려왔다. 눈꺼풀이 내려앉는 바람에 비스듬히 쓰러져 팔베개를 했다.
 한참 후 팔이 저려서 잠이 깼는데 본격적으로 잠을 좀 자고 싶었다. 방으로 들어가서 눈을 붙였다. 그런데 그것이 통 잠이 들었던 모양이었다. 거의 하룻밤을 자고 난 기분이었다. 그 어간에 전화벨이 울려서 잠이 깼는데 받아보니 카자흐스탄에 거주하는 아우의 전화였다.
 벽시계를 힐끗 보았다. 시침이 여섯 시를 가리키고 있었다. '이 시각에 웬일로?' 하는 생각이 들었으나, 저편에서 먼저 낭랑한 목소리가 들려와서 그만두었다.

"형님, 잘 계시죠? 안 바쁘시면 얘기를 좀 하게요."

그 말에 묻는 걸 포기했다. 동생은 최근 책을 낸 후 대체의학 동호인 카페에서 있었던 이야기를 들려준다. 어떤 환자가 자궁근종이 생겼는데 어떻게 하면 좋으냐고 물어 왔다는 것이다. 환자가 직접 말한 게 아니고 침술 공부를 하는 다른 이가 묻는 것이었다.

나도 그 카페를 종종 들른지라 그 이야기를 듣고 아우가 답변한 것을 칭찬했다. 구체적으로 얼마나 깊이 침을 놓아야 하느냐고 물었던 것인데 "근종을 통과해야 하며 그것은 감으로 알 수 있다"라고 아우가 답변했다고 한다.

그 카페에는 대체의학을 하는 사람 이외도 일반 의사, 배우는 동호인이 많다. 회원 수만도 900여 명에 이른다. 그런데 환자를 직접 보지 않은 상태에서 구체적으로 묻는 것은 말이 되지 않는다.

아우는 그에 관해서 이야기했다. 그러한 근종은 양방 병원에서는 흔히 자궁을 적출한다고 한다. 아우는 그에 대해서 안타까움을 표한다. 진료하면서 근종이 10cm 정도 커진 환자도 고쳤는데, 자궁을 들어내어 빈궁마마(?)가 되면 자식을 생산하지 못할 뿐 아니라 심각한 후유증에 시달린다는 것이다.

이런저런 이야기를 하다가, 해야 할 운동시간을 놓쳤다. 통상 아침에 일어나면 산책을 약 30분 정도 하는데 시간이 많이 지나고 있었다. 그런데 밖을 내다보니 비가 온 뒤라선지 아직 어둑어둑했다. 그래서 걷는 것은 그만두고 먼저 지인이 최근 책을 냈다기에 축하 메일부터 보냈다.

나는 아침에 일어나면 먼저 신문을 읽는다. 이것은 오래된 습관이다. 아무래도 뉴스나 새로운 소식은 방송으로 듣기보다는 신문을 읽어야 직성이 풀린다. 신문을 가져오려고 밖으로 나왔다. 그런데 배달됐어야 할 신문이 없다. 여태 한 번도 이런 일은 없었다. 비가 오나 눈이 오나 걸은 적이 없는데, 이상하다 싶어서 보급소에 전화를 넣었다.

그런데 신호만 갈 뿐 받지를 않았다. 해서 이번에는 밖에 나가 걷기를 못 하니 그것을 보충하려고 텔레비전을 켰다. 시청하면서 제자리걸음을 할 요량이었다. KBS에서는 지난날의 명곡을 유명 가수들이 열창하고 있었다. 그것을 조금 보다가 심드렁하여 채널을 이리저리 돌렸다. 마침 EBS에서 '조선의 놉꾼'이라는 영화를 하고 있었다. 그것을 시청했다. 영화는 어린아이들을 구출하는 장면이 대부분인데, 미로 같은 무대장치가 볼만하여 끝까지 시청했다.

걷기는 제자리걸음을 해도 보행 횟수가 올라간다. 한데 이상한 것은 걸음 수치가 보태지기만 할 뿐 새로운 숫자가 표시되지 않는다. 그때까지도 나는 '왜 그러지!' 생각만 할 뿐 크게 신경 쓰지 않았다. 한데 연거푸 한 번도 거르지 않던 신문이 안 오고, 보행 수치까지 오류가 나다니.

오후 여섯 시가 되면 초등학교 다니는 손녀가 학원 공부를 마치고 돌아오는 시간이다. 손녀와는 두 달 전부터 소통하고 있다. 핸드폰을 사준 것이다. 손녀는 초등학교 2학년인데 깜짝깜짝 놀라는 말을 많이 한다. 엊그제는 왜 핸드폰을 안 받느냐고 했더니 '무음'으로 해두어서 그렇다는 것이다.

또 한번은 일기를 쓰고 있다기에 읽어보라고 했더니 의외의 답변이 왔다. "좀 읽기가 그래요." 그것을 보고는 여덟 살만 되어도 부끄러움 탄다는 것을 느꼈다.

시계 시침이 한 바퀴를 돌아서 다시 여섯 시가 되었다. 학원 공부를 마친 손녀가 지금쯤 집에 돌아오지 않았을까. 생각이 나서 전화를 걸었다. 한데 받지를 않는다. '오늘도 무음으로 해놓았나.' 생각하다가 제 어미에게 전화를 걸었다.

"경진이가 전화를 안 받는다. 학원에서 돌아왔냐?"

한데 대답이 의외다.

"경진이 자고 있어요."

"으응, 몇 신데 지금 여섯 시 아니냐?"

"조금 있다가 깨울게요."

동문서답이다.

"알았다."

나는 그때야 아차 싶어서 얼른 전화를 끊었다.

뒤늦게 눈치를 챈 것이다. 그렇다면 일련의 행동은 내가 착각을 한 것이 아닌가. 모든 것을 아침 시각으로 착각하고 행동을 한 것이 아닌가. 어이가 없고 허탈했다. 이런 황당한 일을 다 겪다니. 나는 다른 것은 몰라도 며느리한테만큼은 이번 착각을 비밀로 해두고 싶다. 나의 착각을 알아 버린다면 혹시 괜한 의심을 할 것이 아닌가 싶어서다. 혹시 치매라도 걸렸나 하고 걱정을 할 것이 아닌가.

그렇지만 나는 그에 대해서는 확고하게 고개를 젓는다. 내 정신 상태는 지극히 맑고 지인에게도 맞춤법 틀리지 않고 문자 전송을 바르게 했기 때문이다.

내 행동이 이상했다면 먼저 의사인 아우가 눈치를 챘을 것이다. 그렇지만 아우는 조금도 의심을 하지 않았다. 문제는, 그 시각에 좀체 전화를 걸지 않던 아우의 전화가 온 것이 변수가 되고, 나 또한 그 시간대에 전화를 받으면서 전과 달리 전화를 왜 했느냐고 묻지 않는 것이 문제라면 문제다.

아무튼 열두 시간의 착각은 내 일생에 있어서 가장 황당하고 당혹스러운 일이 아니었나 싶다. (2024)

충무공 해를 품다
_추천사

　여수는 충무공 이순신 장군을 빼놓고서 이야기할 수 없는 고을이다. 전라좌수영이 위치한 곳이기도 하지만 여기에서 오로지 병란을 이겨낼 계책을 수립하고 모든 것을 대비했다. 앞서 조선통신사로 파견한 황윤길과 김성일은 조정에 돌아와 서로 다르게 보고했지만, 일본의 동태는 심상치 않았다. 임진왜란이 일어나기 5년 전 이미 왜구가 여수 손죽도까지 침입하여 이대원 장군이 나아가 싸웠으나 전사하기에 이르렀다.
　조정에서는 적의 동태를 두고 왈가왈부했다. 대비를 위해 이순신 장군을 전라좌수사에 낙점했으나 반대가 극심했다. 당시 장군은 하급직인 정읍현감으로 있었는데 전라좌수사 직급은 정 3품직으로 7계급이나 건너뛴 자리였다. 그렇지만 선조 임금은 반대 상소를 억누르고 서류상 진도군수를 거쳐 만포첨사에 보직했다가 기어이 전라좌수사에 앉혔다.

그때가 1591년 음력 2월 13일. 장군은 기대에 부응하여 부임하자마자 5관 5포를 점검하고 병장기 제작에 나섰다. 판옥선을 건조하는 한편, 지자포와 천자포를 제작하고 화살도 충분히 확보했다.

무엇보다도 돌격함인 거북선 건조를 창안하여 그 제작을 나대용 장군에게 맡겼다. 이것은 나중에 신의 한 수가 되었다. 왜적은 원래 전법이 접근전을 벌인 다음 배에 기어올라 칼을 휘두르는 것을 주로 하는데 거북선은 배 위에 철갑이 씌우고 쇠못을 박아 접근을 어렵게 만들었던 것이다.

장군은 병력 충원과 훈련에 집중했다. 장군 스스로 활쏘기를 게을리하지 않으며 틈틈이 훈련 상황을 점검했다. 마침내 임진왜란이 일어났다. 장군이 전라좌수사로 부임한 지 1년 2개월 후인 1592년 음력 4월 13일이었다. 선발대로 소서행장이 부산포로 6만 대군을 이끌고 쳐들어왔다. 이날은 비장의 함선인 거북선이 건조되어 화포 실험을 마친 바로 다음 날이었다.

그만큼 장군은 일 년여에 걸쳐 철두철미하게 전쟁에 대비했다. 장군은 옥포해전을 치른 후 5월 29일, 마침내 사천전투에 거북선(돌격장 이언량)을 출동시켰다. 이날 전투는 격렬하여 적을 크게 물리쳤으나 장군도 어깨에 적탄에 맞았다.

장군을 이야기하면서 모친에 대한 효심을 언급하지 않을 수 없다. 장군은 모친(변씨부인)을 여수 웅천의 정대수 집에 모셔놓고 늘 안부를 살폈다. 워낙에 고령인 점도 있었지만, 효심이 남달랐다.

장군은 전투에서 연전연승했으나 모함을 받았다. 이유는 공적을 부풀렸다는 것과 간자 요시라의 말이 가토기요마사가 부산에 오게 되므로 이때를 노려서 치면 좋을 것이라고 했던 것이다. 그렇지만 장군은 섣불리 움직일 수가 없었는데 선조는 어명을 어겼다며 파직을 시킴과 동시에 장군을 한양으로 압송했다.

1597년 2월 26일. 이때는 전쟁이 소강상태에서 휴전이 한참 논의되던 때였다. 장군은 고신을 받아 죽음 직전에 놓이게 되었다. 이때 나선 이가 정경달(丁景達) 선산군수였다. 그는 장군의 보급 참모로서 적극적으로 도와 전투를 안정적으로 치르게 한 사람이다. 그는 빈틈없이 장군을 보필했다. 문관의 신분이었지만 둔전을 일구고 적기에 씨앗을 파종해 넉넉하게 군량미를 확보했다. 행정 처리에서도 솜씨를 발휘하여 장군을 안도케 했다.

그런 그가 목숨을 걸고 위기에 처한 장군을 구명하기 위해 임금 앞에 나아가 아뢰었다. 그의 말은 논리 정연했다. 그의 말을 선조가 경청했다.

"이순신의 애국심과 적을 방어하는 재주는 일찍이 그 예를 찾아볼 수 없습니다. 전장에 나가 싸움을 미루는 것은 병가의 승책(勝策)인데 어찌 적세를 살피고 싸움을 주저한다고 하여 죄를 돌릴 수 있습니까. 왕께서 이 사람을 죽이면 나라가 망하겠으니 어찌하겠습니까." 하고 직언을 했다. 그러면서,

"이순신을 죽이면 종묘사직이 망합니다." 단호하게 말했다. 그러자 선조는 다소 노여움을 누그러뜨렸다. 그때 정탁 대감이 정황을 파악하기 위해 정경달에게 물었다. 그가 대답했다.

"누가 옳고 그른가는 말로써 해명할 게 아니라 다만 보니, 이순신이 붙잡혀가자 모든 군사와 백성들이 울부짖지 않은 이가 없었으며, '이 공이 죄를 입었으니 이제 우리는 어떻게 살꼬' 할 뿐이었소. 이것을 보면 그 시비를 알 수 있을 것이요." 했다.

그 말을 들은 정탁 대감은 사정을 파악한 후 마음을 바꿔 먹었다. 목욕재계하고 나서 죽음을 각오하고 신구차(伸救箚) 써 올렸다. 그로 인해 장군은 살아났고 그것은 실로 정경달과 정탁 대감이 목숨 걸고 구명한 결과였다.

내가 이만큼이나마 장군에 대해서 아는 것은 지역에 살면서 누가 물으면 이야기해 줄 정도는 되어야 한다는 평소의 신념도 작용한 것이지만, 친구인 남영식 선생의 영향도 적지 않다. 지역에서 30여 년간 함께 지내면서 오직 이순신 장군에 빠져 사는 그에게 이야기를 듣거나 자료를 넘겨받아 읽은 덕이 큰 것이다.

그런 남영식 선생이 책을 내겠다고 찾아와서 추천사를 부탁했다. 그 말을 듣고 전에 연암 선생이 아정 이덕무 선생의 자제가 부친의 책 서문을 부탁하자 "나 말고 그를 더 잘 아는 사람이 없는데 내가 쓰지 않고 누가 쓰겠는가." 말이 생각나서 흔쾌히 승낙했다. 사실이 그러하기도 한 것이다.

내가 알기로 남영식 선생은 이순신 장군의 유적지라면 반드시 찾아가 답사를 하고, 새로운 내용이 보이면 문의하고 확인하는 일을 멈추지 않아 왔다. 그것을 잘 알기에 이번에 펴내는 기행문은 새로운 시각에서 포착한 내용이 많아 읽을거리가 풍성하지 않을까 한다.

그런 만큼 학자가 아닌 사람이 쓴 글이라는 선입견을 버리고 애정 어린 마음으로 일독하기를 권한다.

그의 후손은 어디서 살까

　최근 유튜브를 통해서 100여 년 전 구한말의 모습을 담은 영상물을 시청했다. 영국인 이사벨라 버드 비숍 여사가 갑신정변(1884년) 이후 1910년 어간에 한국을 네 차례 다녀간 것을 제작한 영상물이었다. 나는 이 영상물을 대하기 이전에, 그녀가 쓴 '한국과 그 이웃 나라들'이란 저서를 읽은 바가 있었다.
　내용은 책의 부제에 달린 '백 년 전 한국의 모든 것'이란 것이 말하듯 구한말의 모습을 구석구석을 살펴보고 쓴 기행문이었다. 어찌나 알차고 정밀한지 글을 읽으며 관찰력에 놀랐다. 그런데 이번에 카메라에 담은 영상물도 그와 다르지 않았다. 구한말 사람들의 생활 모습이나 특징, 삶의 가치관을 엿볼 수 있는 귀한 것들을 잘 담아놓고 있었다.
　구체적으로 시장의 풍경, 일상적으로 입고 사는 의복, 아이를 키우는 모습과 농악놀이, 옹기 굽는 가마와 장례 풍속 등을 소상하게 담고 있었다. 그중에서도 특히 눈길을 끄는 건 장례 풍속 중 사람이 죽어서 염하는 모습, 상여 나가는 광경, 묘 쓰는 것까지 차례로 사료화하여 담아놓은 것이었다.

그것을 쓰면서 말하길 '옛날에는 사람이 죽으면 3년 동안을 상중(喪中)에 있었는데, 기간이 너무 길어서 줄여야 한다는 움직임이 있다'라고 한 것에 눈길이 갔다. 지금은 개선이 되어서 그보다도 훨씬 짧은 기간에 삼우제를 지내고 거의 마감하는 것을 생각하면, 그때도 이미 '장례의 간소화'가 논의되지 않았나 하는 생각이 든다.

이와 관련하여, 이보다 훨씬 전인 150여 년 전, 조선에 표류한 네덜란드인 하멜이 쓴 표류기를 보면 사람이 죽어 경황없는 모습을 묘사해 놓은 대목이 이색적이다. 사람이 죽으면 자식들이 머리를 풀어헤치고 미친 듯이 소리 지르며 울부짖는다고 기술해 놓았다.

그에 비해 비숍 여사가 담아놓은 영상물은 그렇게 과도한 모습은 보이지 않는다. 대신에 상중에는 검은 옷을 입지 않는다는 말이 보이는데, 내가 고향에 살 적에 보면 사람들이 급한 일이 아니고서는 들일을 하지 않고, 바느질도 하지 않았던 걸 생각하면 그것은 여전히 지켜지고 있지 않는가 한다.

나는 영상물을 보면서 그간 사람들의 살아가는 형편, 풍속이 조금씩은 달라졌어도 삶의 원형은 크게 바뀌지 않은 것을 확인할 수 있었다. 그렇다면 살아가는 의식도 별반 바뀐 것은 없을 터이다.

그것을 떠올리면 나는 또 다른 측면에서 어떤 것을 생각해 보게 된다. 그것은 다름이 아니고 지금은 알려지지 않은 어떤 사람의 후손에 관한 관심이다. 한 사람은 네덜란드 사람으로 조선에 귀화한 박연의 후손이고, 다른 한 사람은 정약용 선생이 뒤늦게 얻은 서녀에 관한 생각이다.

박연은 1627년에 조선에 들어왔다. 이 해는 청이 정묘호란을 일으킨 때로 동인도회사 소속의 상선이 표류해 온 것이었다. 그는 조선에 귀화해 무관이 되었고 조선 여인과 결혼하여 1남 1녀를 두었다.

이보다 26년 후, 똑같은 경위로 또 한 사람이 조선에 들어왔다. 하멜이란 사람으로 그는 한국에서 13년간 억류해 있다가 여수에서 탈출했다. 그는 강진 병영에 소속되어 있다가 청나라 외교관에게 탈출을 부탁한 것이 발각되어 여수로 전출된 상태였다. 그는 여수에서 3여 년을 보내다가 기어이 탈출에 성공했다.

그렇다면 그에게도 자녀가 있지 않았을까. 하나, 조선에서 산 세월이 짧지 않았음에도 자녀를 둔 기록은 보이지 않는다. 다만, 강진 병영성에 그들의 주거지를 복원해 놓았을 뿐이다. 그로 미루어 보아 가정생활을 했다면 자녀를 두지 않았을까 짐작이 될 뿐이다.

그렇지만 하멜과 달리 박연에 대해서는 확실한 기록이 있다. 박연이 귀화한 때는 인조 연간, 그는 화포 제조 등 많은 공을 세웠다. 이에 비하여 하멜은 나중 효종 때에 들어왔으나 신무기 개발 등은 이바지한 업적은 보이지 않고 단지 붙잡혀 신문을 받은 기록이 눈길을 끈다.

"너희는 서양의 길리시단(크리스첸)이냐?" 묻는 대목이 나오는데 그것을 吉利是段(길리시단)으로 적어놓고 있다. 아무튼, 하멜 가족은 모르지만 박연은 후손을 두었으니 그 후 어떻게 핏줄이 이어져 왔는지 궁금증이 인다.

또 한 사람은 정약용 선생의 막내딸 홍임(紅任)이라는 서녀다. 순조 연간에 금릉(지금의 강진)으로 귀양 온 정약용 선생에게는 허드렛일을 돕던 노인이 있었다. 그 집에는 20대에 과수가 된 딸이 함께 살고 있었는데 그녀는 아버지를 도와 의복과 음식을 시중들었다. 그러는 사이 둘 사이에서 홍임이 태어났다. 아이는 매우 영특했다.

그 정황은 다산 선생이 지은 남당사(南塘詞)라는 시첩에 고스란히 담겨있다. '어린 딸 총명함이 제 아비를 닮아서 / 아비 찾아 울면서 왜 안 오냐 묻는구나.' 또 다른 글. '정 씨 집에 버림받고 김 씨 집에 수절하니 강포함이 어찌 원망 깊지 않을까.' '까마귀, 봉황 배필 원래 짝이 아니거늘 천한 몸 과한 복이 재앙 될 줄 알았으리.'

다산 선생은 해배가 되자 홍임(紅任) 모녀를 데리고 고향 마현으로 돌아갔다. 그러나 부인 홍 씨는 받아주지 않고 바로 내쫓았다. 오라고 해놓고 바로 내쫓은 호래척거(呼來斥去)를 한 것은 아니지만 매정하게 외면했다. 그 바람에 홍임 모녀는 왔던 길을 되돌아올 수밖에 없었다. 나중에 딸은 서제(전양황)에게 맡겨져 양육되어 다산 선생은 한시름을 놓았다고 전해진다.

일설에 의하면 홍임 모녀는, 길 안내를 한 박생과 내통한 장성 부호 김 씨에게 능욕을 당할 뻔한 일이 있었다. 이때 그녀는 "나는 조관의 첩이다"라고 당당하게 꾸짖어 물리쳤다고 한다.

고향에 돌아온 그녀는 바로 남당 집으로 가지 않고 선생이 기거한 초당에 머물며 원망을 하면서도 차를 따서 보내며 그리워하며 살았다고 한다. 그런 여인의 소생인 홍임도 나중 어떻게 피를 이어갔는지 궁금하기 짝이 없다.

알고 보면 사연 있는 사람이 어찌 이들뿐일까. 전쟁과 자연재해, 풍파 많은 시대를 거치면서 수많은 병란이 있었고, 전쟁과 폭정에 시달린 때가 한두 번이 아니었는데, 그때마다 상처 입고 찢긴 가족사가 어찌 한둘이었을 것인가.

그래도 목숨은 질기고 질겨서 신고의 삶을 이어온 것이다. 그런 중에도 기록의 귀퉁이에 남아 전해오는 행적에 대해서는 많은 궁금증이 인다. 그중에도 특히 떠오른 것이 박연의 자손과 홍임의 후손인데 그에 관한 소식이 퍽 궁금하다. (2022)

구들장 뜨기와 역우(役牛)

"콰당 콰당 콰당"

이 소리는 건설현장의 대못 박는 소리가 아니다. 산업현장에서 울려오는 소리는 맞지만, 대못 치는 소리가 아닌, 석수장이가 정(釘)으로 돌을 떼어내면서 내는 망치 소리다. 내가 나고 자란 고을은 어느 한 시기 석공의 망치 소리로 가득했다. 그 소리가 산을 울리고 들녘을 질펀히 퍼져나갔다.

좀 더 구체적으로 말하면 1930년대부터 1970년대 말까지인데 대략 40여 년 남짓 석공의 망치 소리가 그치지 않았다. 우리 고장은 다른 고을에 비해 특이한 점이 있다. 사방이 산으로 빙 둘러싸인 분지인 것이다. 그러다 보니 어디서 큰 소리가 나면 주변 산에 부딪혀 진폭이 되어서 마치 마이크 소리처럼 크게 울렸다.

이런 고장에는 한때 질 좋은 구들장이 채취되었다. 오봉산 일대의 산이 중생대 백악기에 형성이 되었는데 용암이 폭발하면서 응

회암이 생겨 켜켜이 층위별로 절리를 이루었다. 그것은 마치 시루떡을 연상케 한다. 그걸 떼어내면 훌륭한 구들장이 되었다.

석수장이는 그것을 채석했다. 그걸 떼어내기 위해선 우선 망치와 정, 그리고 빠루가 필요하다. 그 도구로 작업을 하는데 방법은 조금 특이했다. 망치를 가지고 위에서 내려치는 것이 아니라, 암석의 옆 부분을 공략히여 돌을 떼어내는 것이다.

생겨난 절리가 수직이 아닌 수평으로 형성되어 있어서 그렇게 하지 않으면 아니 된다. 그러므로 구들장 채석작업은 마지막에 가장자리를 다듬을 때 이외는 거의 상하로 내리치는 망치질을 하는 일이 없다.

초창기 구들장 작업은 산 아래쪽에서 이루어졌다. 그러다가 오래도록 채취를 하다 보니 작업장의 위치가 바뀌게 되었다. 점점 위로 올라가 막바지에 이르러서는 산 정상부 320미터까지 이르게 되었다. 그만큼 채석작업은 높은 곳에서 이루어졌다. 그 산출량은 얼마나 될까.

한때 전국 수요의 70%를 차지했으니 그 분량은 엄청날 것이다. 채석된 구들돌은 일단 광주와 부산을 비롯해 경기도와 서울에 공급되었다. 그것이 다시 전국으로 퍼져나갔다. 그런 수요를 대기 위해서 당시 득량역 광장은 구들장으로 넘쳐났다. 그리고 역에는 그것을 실어 나르기 위해 무게 차량이 상시 대기했다.

나는 그 시절 이따금 들려오는 '쾌당 쾌당 쾌당' 하고 울리는 이명 소리를 잊지 못한다. 내 친구 중에 지금은 고인이 되었지만, 구들장을 뜨던 석수장이가 있었다. 그는 비가 오는 날을 제외하고는 노상 작업장에 나가 구들장을 떴다. 비가 오는 날 방문하면 허청 마루에는 구들장을 뜨는 도구가 망태에 담겨 걸려있었다. 정과 망치 그리고 빠루였다.

구들장 작업은 초기에 암석의 미세한 절리를 찾아내는 것부터 한다. 그것이 발견되면 망치질로 구멍을 뚫은 다음 사이가 벌어지면 빠루를 사용하여 떼어내게 된다. 그 과정에서 수백 번의 망치질을 하게 된다.

고단한 작업으로 이것만큼 힘든 일이 또 있을까. 3D업종 중에서는 가장 노동 강도가 심할 것이다. 그런 험한 일을 하는 바람에 친구의 손은 굳은살이 박이고 그런 손을 잡아보면 마치 뻣뻣한 나무토막을 만지는 기분이었다. 변변히 장갑도 끼지 못하고 작업하는 바람에 손등은 여기저기 상처투성이였다.

그 일은 오직 생업을 위해서 감내한 것이었다. 그런 작업환경은 날로 악화되었다. 아래쪽에서 집중적으로 작업을 하다 보니 고갈이 되어서 차차로 작업장 위치가 산 위쪽으로 올라가게 된 것이다. 그만큼 작업은 위험해지고 그곳을 오르내리는 역우도 힘들어졌다.

당시의 채석장은 지금은 멈춰진 상태지만 황소가 끌던 달구지 길은 그대로 남아 있다. 항공사진을 보면 선명하게 그 흔적이 드러난다. 그것은 마치 미로와 같다. 구불구불 갈지자(之)의 흔적이 영락없는 뱀이 기어간 자국처럼 보인다.

어떻게 그 높은 곳까지 소달구지를 끌고 올라가 구들장을 실어 날랐을까. 일일이 석축을 쌓아 길을 낸 것도 신기하지만 그

위험천만한 높은 비탈길을 달구지를 끌고 오르내렸을 역우를 생각하면 마음이 숙연해진다.

실로 얼마나 위험한 험로를 다닌 것인가. 그러한 길로 다니면서 역우는 얼마나 긴장하고 입술이 타들어 가는 고통을 느꼈을까. 말 못 하는 짐승이니 모두 잊고 지내지만 역우의 입장에서 하소연을 듣는다면 눈물 흐르지 않는 이가 없을 것이다.

다니는 길은 여기저기 돌부리가 솟아 있어 다니기가 매우 옹색했을 것이다. 거기다 짊어진 무게는 오죽한가. 허리가 휠 정도로 무거운 돌덩이가 아닌가. 그런데도 역우는 묵묵히 달구지를 끌면서 그 험한 길을 하루에도 수차례씩 오르내렸다.

이곳에서 생산되는 구들장은 생산량도 많지만, 품질이 좋기로도 유명했다. 돌이 단단한 데다 공극이 있어 불의 전도율이 높고 열기 또한 오래 보존이 되었다. 거기다 이 돌에는 몸에 좋은 맥반석 성분이 있었다.

구들장의 크기는 대략 가로세로 1m 크기로 떼어낸다. 달구지에 싣는 양은 열두서너 개 남짓. 더 이상 많은 수량은 싣지 못한다. 그 이상은 역우가 감당하지 못하기 때문이다.

이 세상에서 구들장을 실어 나른 역우만큼 박복하게 태어나 고생을 한 축생이 또 어디 있을까. 석수장이와 우마부는 그래도 고생한 대가로 돈을 벌지만 역우는 무슨 보답이 있는가. 기껏 받은 것이라야 몇 되 박의 여물과 발톱 보호용으로 신겨준 짚신 몇 켤레가 있을 뿐이다.

수레를 끄는 역우는 힘꼴이 좋아 보이는 녀석이 선정되었다. 무엇보다 바튼 힘을 써야 하므로 주인은 우시장에 나가 신체 조건이 월등한 황소를 골랐다. 워낙에 위험한 산길을 오르내려야 함으로 될수록 목이 짧고 굵으며 가슴이 넓고 발목이 튼실한 녀석을 골랐다. 그렇지만 이런 황소도 그리 오래 부리지 못했다. 몇 개월 간격으로 교체시키지 않으면 아니 되었다. 워낙에 노동 강도가 센 일을 하느라 무릎이며 발목이 남아나질 못하기 때문이다.

평소에 황소는 주인의 부림에 따라 순순히 말을 듣는다. 하지만 몸 상태가 한계에 이르면 단호하게 거부를 한다. 그 자리에서 우뚝 멈춰 서서 꿈쩍을 하지 않는다. 그러면 이때는 대책 없이 마구를 벗기고 쉬게 하는 도리밖에 없다. 그런 위기의 상황에 대비하여 주인은 주기적으로 역우를 교체했다.

최근에 들은 소식이다. 군(郡)에서는 이번에 이곳 구들장 채석장을 국가등록 문화재로 지정을 받았다고 한다. 지금은 수요가 거의 없어졌지만 한때의 주요 산업현장으로서, 그리고 전통 온돌문화에 이바지한 가치를 인정받게 되었다는 것이다.

나름의 의의가 있지 않은가 한다. 무엇보다도 관광자원으로서의 홍보 목적도 있어 보이는데, 그렇다면 기념관도 들어서지 않을까. 그렇다면 구들장 작업하던 석공과 소달구지도 재현해 놓아야 하겠지만 무엇보다도 특별히 당부하고 싶은 것이 있다.

다른 게 아니다. 위험한 산비탈을 오르내리던 역우의 조형물을 만들어 놓기를 바란다. 그냥 무표정한 모습이 아니라 힘든 노역이 실감으로 다가오는 형상을 묘사해 놓았으면 한다. 입을 벌리고 힘겨워하는 모습, 다리 절룩거리는 모습을 보여줌으로써 주인을 위해 무한 봉사를 한 역우를 표현해 주었으면 한다. 그렇게 함으로써 수많은 축생의 혼령을 달래줄 수 있지 않겠는가.

 세월이 흐르니 한때 성황을 이루던 구들장 채석지의 열기는 사라진 지 오래다. 그러다 보니 한때 분주하던 역사(驛舍)도 지금은 폐쇄가 되어버렸지만, 그런데도 불구하고 나의 귀에서는 여전히 이명 소리가 들려온다.

 "콰당, 콰당, 콰당"

 그러한 건 무슨 까닭일까. 그것은 부디 고향을 잊지 말라는 소리가 아닐까. 나는 이 이명 소리를 들으며 버릇처럼 잊히지 않는 광경을 떠올린다. 그것은 바로 구들장 뜨기의 장인이던 친구와 그 구들장 뜨던 작업 현장, 그리고 힘겹게 구들장을 실어 나르던 역우의 생각이다. (2023)

안타까운 단절

자연을 사랑하고 인간의 심성을 다듬어 주는 대상으로 일찍이 선인들은 수석을 생각했다. 수석을 애완하는 것이야말로 자연에 접근하여 삶의 품위와 존재론적 의미를 찾는 대상으로 여겼다. 돌 자체에 우주의 근원과 생명, 윤리와 도덕까지도 담겨있다고 생각했다.

돌의 탄생이 지구 역사와 같이해온 만큼, 무한한 영원성을 부여하여 외경의 마음을 가짐과 동시에 희로애락을 담아내는 대상이라고 여겼다. 그런 마음이 없었다면 어찌 바위에 경배하며 완상 물로 여겨서 가까이하였겠는가.

우리나라에 수석 문화가 꽃피운 시대는 19세기 중반이었다. 이때가 순조 임금, 효명세자 집권기, 그리고 헌종 때로 수석과 관련하여 일화를 남긴 사람들이 많이 나타났다. 얼른 떠오른 인물만 해도, 추사 김정희 선생과 황산 김유근 선생, 자하 신위 선생과 옥수 조면호 선생이 있다.

한편, 헌종 임금은 예술가의 취향이 다분하여 서화를 즐기고 이름 있는 문인들의 도장을 모으고 수석을 완상하며 아껴서 애완 석을 남기기도 했다.

사대부, 시인묵객들은 상호 간 마음을 열어 허심탄회하게 교유했다. 그러면서 시정(詩情)을 담아 고상한 인간적 풍미를 세상에 퍼트렸다. 그런 가운데 정신적으로 문화가 꽃피워졌고, 그 중심에는 수석을 애완하는 취미가 자리 잡았다. 그런데 그런 고상한 취미생활이 심각하게 정치색에 오염되었다.

거기에는 안동김씨 세도 정권이 자리 잡고 있다. 이것은 역사의 아이러니다. 정조 임금은 그 어떤 임금보다도 당쟁의 폐해에 몸부림친 사람이었다. 아버지 사도세자가 서인 세력의 눈 밖에 나 뒤주 안에서 죽는 참변을 겪었기에 얼마나 각오하고 명심했겠는가마는, 막상 아들 순조의 혼처를 정할 때는 다시 안동김씨를 찾았다.

그리하여 간택된 사람이 바로 순원왕후이다. 아버지는 나중 극심한 세도정치의 문을 연 장본인 김조순. 왕후의 오빠 김유근은 시서화에 능하고 수석을 매우 좋아하는 사람이었다. 그는 특별히 묵란도를 잘 쳤다. 추사와는 절친한 사이였다.

그런데 두 사람 사이에 정치적 입김이 끼어들어 사이를 벌려 놓은 사건이 발생했다. 순조 집권 시 안동김씨 일문의 국정 농단은 심각했다. 김조순 세 아들이 다 문제가 많았는데 그중에서도 영의정을 세 번이나 역임한 김좌근의 전횡과 첩실 나합의 부정부패가 우심했다.

　순조 말기, 임금은 잠시 아들 효명세자에게 친정을 명하고 뒤로 나앉았다. 이때 효명세자는 안동김씨의 전횡을 막고자 반대쪽에 있던 인사들에게 약간 힘을 실어주었다. 그런데 효명세자가 갑자기 요절하고 말았다. 정국이 요동치는 틈을 타 윤상도라는 선비가 안동김씨를 탄핵을 주청하고 나섰다. 그런데 상소문의 문구가 조금 거칠고 과격했다.

　이를 빌미 삼아, 안동김씨 세력은 윤상도를 귀양 보내고, 추사의 부친 김노경도 그 배후라며 역시 귀양을 보냈다. 김노경을 귀양지에서 생을 마감하고 말았다.

　그런데, 사그라진 불씨가 10년이 지나 안동김씨 김양순에 의해 다시 들춰졌다. 이번에는 추사 선생을 물고 늘어졌다. 윤상도가 상소문을 올릴 때 추사 선생이 관여했다는 것이었다. 그로 인해 윤상도는 사형에 처해지고 추사 선생은 제주도로 귀양 보내졌다. 안동김문은 그들의 집권에 방해가 된 인물은 모두 제거하고자 한 속셈이었다.

　김좌근의 주도로 국청을 열린 자리에서 수많은 반대파가 죽어나갔다. 이때 추사도 여섯 차례나 문초를 당해 몸이 만신창이가 되었다. 죽이려고 들었으나 확실한 증거가 나오지 않자 귀양을 보내는데 그쳤다. 그렇지만 조치는 가혹한 위리안치였다.

　이런 터에 한때 절친이던 김유근은 물론, 알고 지낸 그의 동생 김좌근은 손을 내밀어 주지 않았다. 이 대목에 이르러 혹시 안타까움을 표시한 글귀라도 있나 하고 자료를 살펴보았지만, 그것은 발견할 수 없었다. 정치의 세계란 이처럼 매정한 것인가. 추사 선생은 해배 후에도 또다시 북청으로 귀양 보내졌으니 더 말해 무엇하랴.

선생은 제주 귀양살이 4년째 되던 해, 부인 이 씨가 별세했는데, 가볼 수도 없었다. 그 안타까운 심사를 담은 시 '배소망처상(配所輓妻喪)'이 도망시(悼亡詩)란 이름으로 전해지고 있다. 그 구절에 "다음 생은 바꿔 태어나 천 리 밖의 나 죽고 그대 살아서"라는 내용이 있는데 가슴을 저리게 한다.

정치란 이처럼 가혹하고 무서운 것인가. 그러나 이런 것은 사람들이 만들어 낸 일이다. 돌을 좋아하고 애완함에 있어서 수석이 전하는 품위와 가치는 변하지 않는다. 하늘 앞에 먹구름이 스치고 지나는 현상일 뿐, 하늘이 흐려졌다고 할 수는 없다.

수석은 일찍이 우리의 정신문화에 이바지해 왔다. 역사를 거슬러 오르면 당나라에서 화엄경을 배워온 신라 승려 '승전법사(勝詮法師)는 80개의 돌을 두고 개강하였으며, 인제 강희안 선생은 돌에 이끼를 키워 물을 끼얹어 놓고 돌의 변화를 보고 마음을 다잡았다. 그러면서 그 돌을 '향석(香石)'이라 하였다.

그런가 하면 많은 애석인은 둥근 원석을 두고 신비로움에 취하여 선(禪)과 각(覺)의 대상으로 삼기도 했다. 그런데 그러한 애석 생활이 당쟁으로 물들고, 일제 강점기를 거치면서 거의 사라지다시피 했다. 그러다가 다시 수석의 붐이 일어난 것은 1970년대 초이다. 이때는 많이 오염이 되었다. 뜻있는 사람들은 옛 분들의 고상한 취미를 되살려 닮고자 했으나, 개념 없는 사람들이 뛰어들어 분위기를 흐려놓은 것이다.

　좋은 돌을 값이 나간다고 하니 너도나도 산천을 돌아다니며 돌을 주워 날라 환금성에만 눈독을 들인 것이다. 해서 애석 본래의 고상한 완상 전통은 변질되고 멋없는 취미생활로 많이 전락하고 말았다.

　애석을 한다는 것은 무엇인가. 자연 경배를 바탕으로 수석의 영원성, 천금 같은 침묵, 모양의 신묘함, 인연과 신의까지도 생각하며 맛보는 대상이 아닌가.

　그런데 애석 생활을 하면서 수석을 앞에 두고, 정치적인 견해로 등을 돌리고, 대상을 환금성에만 두어 수석을 욕보이고 만 것이다. 역시 흔들리는 갈대, 그름처럼 수시로 변하는 사람의 마음은 수석이 가르치는 손짓 앞에서는 지극히 속물일 수밖에 없는 것일까. 고상한 정신을 배우는 데 있어 턱없는 천박함으로 인해 진정한 애석도의 길은 멀고도 먼 것이 아닌가 한다. (2024)

나와 수석(壽石)

내 정신 활동뿐 아니라 생활 가까이에서 함께하며 아끼고 사랑한 것이 두 가지가 있다. 하나는 글쓰기이고 다른 하나는 수석을 감상하는 것이다. 글쓰기는 별다른 의식 없이 가까이하게 되었다. 평상시에도 일기를 쓰고 있었지만, 글을 쓰면 곧잘 칭찬을 받았다.

그것만 가지고는 내면에 잠재한 '소질'까지는 발견하지 못했을지 모른다. 그런데 학교에서 적성검사라는 걸 받았는데, 문학적 감성과 어휘력에서 월등히 높은 점수가 나왔다. 그래프로 표시된 것이 거의 정점에 올라있었다. 그것을 보고 운명적으로 '나는 글을 써야 하는 사람'인 것으로 확신을 하게 되었다.

그렇지만 수석에 빠져든 것은 그렇게 운명적인 것은 아니었다. 좀 싱거운 이야기지만 수석의 접근은 천성이 부지런하지 못하고 게으른 탓에도 연유한다. 자주 돌보지 않아도 변하거나 없어지지 않는 것이기 때문이다.

　나는 취미생활을 분재 가꾸기부터 시작했다. 모양이 좋아 사다 놓으면 가꾸는 솜씨가 없어 곧잘 죽어 나갔다. 그때마다 속이 상했다. 그래서 분재 대신 난 가꾸기로 방향을 틀었다. 한데 이것 역시도 두 해 이상을 가꾸지 못했다. 귀한 난을 선물 받거나 사서 집에 들여놓았는데 이파리가 시들어 버리면 속이 상했다.

　그런데 수석은 그럴 염려가 없는 것이다. 흔히 사람의 지문을 두고 종생불변(終生不變)이라고 하는데 이것 역시도 변함이 없다. 거기다 수석은 역시 지문처럼 만인부동(萬人不同)이 아닌 만석부동(萬石不同)인 것이다.

　신혼부부의 얘기를 들어보면 첫눈에 반했다는 말을 흔히 듣는다. 보는 순간 반려자가 눈에 꽂혔다는 것이다. 그들처럼 나도 수석을 처음 대한 순간 대번에 빠져들고 말았다. 이것이야말로 나의 운명이며 내가 취미로 삼기에 가장 적당한 것이 아닐까.

　수석은 자연 그대로의 상태를 조건으로 삼는다. 수필에 있어서 소재를 가공하지 않고 양심을 속임이지 않고 쓰는 것을 조건으로 삼듯이 어디 한 군데라도 손을 대면 탈락하고 만다. 아무리 형이 좋고 질이 좋은 고가의 돌이라도 출품 석에 끼워주지 않는다.

　거기에다 부질(賦質)은 반드시 돌이어야 한다. 제아무리 단단한 것이라도 돌이 아니면 실격이다. 그러니 얼마나 매력이 있는 것인가. 거기다가 돌은 적어도 지구의 역사와 같이 해왔다. 발부리에 차이는 어느 돌 하나를 집어 들어도 45억 살을 먹은 것이다. 얼마나 오래된 것인가.

거기다 수석은 자연 상태에서 취사선택되어 감상하니 대접을 받아 마땅한 것이다. 자연 상태라는 것은 제마다 다르다는 뜻으로 비슷할 수는 있어도 같지는 않다는 말이다. 그 같지 않은 것을 보고 감상하는 것이 얼마나 흥미롭고 신나는 일인가.

그렇지만 나는 처음에 수석을 접하면서 '이것은 어디에 두어도 변하지 않겠구나' 하는 생각과 함께 형상의 기묘함에만 치중했다. 그러다 애석 생활을 오래 하다 보니 생각을 달리하게 되었다.

그 첫 번째는 변함없음을 본 것이다. 이 세상에 금이나 은 이외 돌 만큼 변하지 않는 것이 있을까. 사찰 마당에 서 있는 석탑은 천년이 지나서도 끄떡없이 제자리를 지킨다. 얼마 전 장흥 유치 가지산 자락에 있는 국보 44호 석탑도 고색창연하지만 제 모습을 변함없이 지키고 있었다. 이렇듯 변하지 않는다는 것은 얼마나 지고한 가치인가.

둘째는 묵언의 자세이다. 말 없음이 수만 마디의 말을 대변한다. 이 세상에는 세 치 혀를 잘못 놀려 얼마나 풍파를 많이 일으키고 패가망신을 시키기도 하는가. 역사를 돌아보면 신 아무개는 입을 놀려 멀쩡한 남이장군을 죽이고 송 아무개는 정여립을 모반사건으로 몰아 전라도 인재 1,000명을 죽음으로 내몰았다. 입이 무거워야 함을 웅변으로 말하고 입단속의 경계를 이르는 본보기이다.

세 번째는 인연의 의미를 일깨우는 것이다. 이 세상에 하늘에는 별, 땅에는 모래만큼이나 많은 돌 중에서 특별히 수석으로 탐석되어 눈앞에 있다는 사실은 생각할수록 각별함을 느끼게 한다.

그 각별함은 자신이 탐석하지 않고 다른 이의 손을 거쳐서 만나게 된 것이라도 특별하지 않을 수 없다. 수석을 들여다보며 감상하노라면 이런저런 생각들이 사유를 불러일으켜서 자칫 무의미해질 삶을 풍요롭게 해준다.

나는 그야말로 젊은 청춘과 노년에 이르기까지도 이런 수석과 함께해 왔다. 서재며 거실 혹은, 베란다까지도 수석을 비치해두고서 감상을 한다.

그런 애정 때문에 부모가 자식 생일을 기억하듯 수석들이 집에 들어온 내력을 훤히 꿰고 있다. 그중에서도 특별히 아끼는 것은 '독도'로 명명한 바위경 수석과 섬 형의 주름돌 그리고 돌 속에 박힌 인물이 돋보이는 것과 남한강 쵸코석을 귀애한다. 이것들은 어디에 내놓아도 칭찬받을 돌이지만 고가 석은 아니다.

그렇지만 누구에게도 양도할 생각은 없다. 아마도 생을 다하여 마치는 날까지도 소장하고 있을 것이다. 나는 애석 생활을 하면서 돈을 주고 돌을 사기는 했지만, 소장 석을 돈을 받고 남에게 넘겨준 적은 없다. 그 대신 선물은 많이 했는데 내 지인치고 나의 돌을 선물 받아보지 않은 사람은 드물 것이다. 그것은 내가 수석을 좋아하기 때문이기도 하지만, 취미생활로 수석을 택했으면 하는 바람이기도 해서이다.

나는 어디에 명석이 있다는 말을 들으면 찾아 나서기를 망설이지 않는다. 명석은 어딘가 모를 감흥을 주고 영감을 떠오르게 하기에 늘 만나보기를 소원한다. 수석은 사람의 손재주가 아닌 하늘의 조화로 탄생한 것이기에 좋은 돌을 보면 짜릿한 흥분이

저절로 느껴진다.

엊그제도 야외에 나갔다가 수석기념관이 보여서 들렀더니 주인이 문을 닫아놓고 외출하고 없어서 서운했다. 무슨 명석이 있을까 궁금증만 안고서 돌아섰다.

나는 요즘 수석 한 점을 연출해놓고 자주 감상한다. 중국의 미 원장은 수석의 조건으로 주름지고 마르고 빼어난 것을 들었는데 이것이야말로 그 조건에 딱 맞는 산수경이 아닌가 한다. 나는 이 돌의 석명을 '독도'라고 지었다.

그러잖아도 고달프게 동해의 최 일선에서 나라를 지키는데, 일본에서 지속해서 침탈을 노리고 있어 마음으로라도 지켜주고자 함이다.

감상하면서 이름을 불러주면 독도도 힘을 얻은 것 같아서 마음속으로 한 번씩 불러보고 눈길을 자주 준다. (2024)

깊은 여운을 남긴 작품

일찍이 중국 문학을 접한 바는 없고 전에 잠시 임어당의 짧은 산문을 몇 편 읽은 후 등단하고서 주자청의 작품을 읽었다. 그 작품이 '아버지의 뒷모습'이다. 1990년대 등단 초기인데 이 작품을 읽고서 글을 이렇게 정밀하게 역동성 있게 쓰는 분이 있다는 점에 대해 놀랐다.

세간에 알려지기로는 부자가 그리 정분이 돈독하지 못하고 불화를 많이 겪은 것으로 전해지는데, 이 작품에서는 부자가 서로 교감하는 눈길과 마음으로부터 위하는 살가움이 고스란히 느껴진다. 외투를 벗어준 아버지와 그것을 받아 깔고 앉은 아들.

차가 잠시 정차한 어간에 불현듯 아들을 위해 귤을 사러 달려가는 아버지의 모습은 아들의 시선을 통해 그대로 따뜻하게 전해진다. 뚱뚱한 몸에 부실한 걸음으로 반대편 철로를 몇 개나 지나 걸어가는 모습을 통하여 아들은 가슴 찡한 감동이 전해진다. 마침내 아들은 북경으로 떠나고 플랫폼(platform)에 혼자 남은 아버지는 멀어져 가는 아들을 망연히 바라본다. 그 정황이 가슴을 찡하게 울린다.

나는 이 대목에서 또 다른 작품, 김수봉의 '그날의 기적 소리'를 떠올린다. 두 작품이 기차를 배경으로 하고 있다는 점 이외 표현의 섭진성과 정밀함이 무척이나 닮아있다는 생각이 든다.

때는 초가을 나주 일로나 그 어름에 사는 중학생(광주서중)은 집에 다니러 와서 자취방에서 일주일 치 먹을 것을 챙겨간다. 이때 아버지는 쌀자루를 짊어지고 앞에서 뛰고 그 뒤를 아들은 바짝 달라붙어 달린다. 아들의 한 손에는 책가방이 들리고, 다른 손에는 새끼줄로 동여맨 김치 단지가 들렸다.

기차는 기적을 길게 울리며 산모퉁이를 돌아온다. 마음이 조급해진다. 차를 타려고 달려가는 두 마음은 뛰는 다리보다 더 급하다. 기적 소리의 가픔만으로도 기차가 먼저 아버지와 아들을 앞질러 정거장에 닿을 것 같다. 한껏 뛰어야 한다. 등에서는 땀이 비 오듯 솟는다. 그런데 가을 햇볕은 어찌나 따가운지, 달라붙은 땀과 함께 뒤 목에 엉겨 붙어 끈적거린다. 숨 가쁘게 뛰어서 겨우 정차한 차에 오른다.

작품 속에서는 다급해 한 작가의 마음이 그대로 읽힌다. 아버지가 행여나 넘어지지 않을까 초조하게 지켜보는 마음. 기차가 출발하기 전에 어서 돌아와야 한다는 조바심이 주자청의 표현에서도 그 심리상태가 고스란히 나타나고 있다.

이때만큼은 두 부자의 보편적인 사랑이 오롯이 그려진다. 그렇지만 아버지와 아들은 인생 전반을 통하여 어찌 화합하지 못하고 불화를 겪었을까. 그것은 알 수 없으나 여기서 굳이 언급할 필요는 없을 것이다.

  나는 30년 넘게 수필을 써오면서 문학성의 획득은 어디서 갈리는가를 많이 느끼고 있다. 특히 수필문학의 경우는 작가의 진솔성 이외에 서정의 자연스러움, 정밀한 표현력에서 갈린다고 본다. 그래서 김수봉의 '그날의 기적 소리'는 많은 것을 느끼게 하며, 주자청의 '아버지의 뒷모습' 또한 수필을 쓰는 나에게 많은 영감을 주고 깊은 여운을 남긴 작품이 아닌가 한다. (2024)

감성 매몰 시대의 단면

작금에 이르러 보이스피싱이 기승을 부린다. 예전에는 돈을 단순 편취하는데 그쳤지만 지금은 그렇지 않다. 시도 때도 없이 접근하여 약탈하는 행동을 보인다. 수법이 지극히 악랄해졌다. 대놓고 협박을 하기 일쑤이다.

"당신 딸이 사체를 쓰고 갚지 않으니 대신 갚아주지 않으면 장기를 떼어 팔겠다." 이런 지경에까지 이르렀다. 더는 쉬쉬하고 넘길 일이 아니게 되었다.

이런 것을 생각하면 우리 사회가 얼마나 범죄에 취약하며 노출되어 있는가를 짐작하게 한다. 언제부터 이토록 우리 사회가 불안해졌을까. 안전망이 숭숭 뚫리고 있다는 생각을 지을 수 없다.

보이스피싱이 기승을 부리는 건 사회 전반에 걸쳐 불법과 탈법이 만연한 데도 원인이 있을 듯하다. 황금만능주의에 빠져서 돈만 가지면 다 된다는 인식이 깔린 것이다. 가치관이 전도되어도 한참 전도가 된 것이 아닌가 한다.

그러한 인식은 일상 언어생활에서도 그대로 나타난다. 인사말을 건넬 때도 보면 예사로 "돈 많이 버세요. 대박나세요." 하는 것이다.

어디 예전에는 이런 걸 상상이나 할 수 있는 일이던가. 천박한 말을 입에 올리지도 않고 금기시했을 뿐 아니라 '돈돈' 하는 사람과는 상종도 하지 않으려고 했다. 그런데 세상이 바뀌어 돈에 목숨을 거는 사람이 많아지다 보니 기현상이 나타나지 않는가 한다. 인심 또한 날로 각박해지고 인성도 거칠어져 가고 있다. 그러니 이해와 양보는 찾아보기 어렵고 이권 앞에서 목숨 거는 싸움만 벌어진다. 이러니 사회 전반이 화합하지 못하고 세대 간 갈등은 깊어만 간다.

내가 아는 지인 중에 법원과 검찰에서 조정위원으로 활동하는 사람이 있다. 두 명인데 그들의 말을 들어보면 법원의 쟁송사건은 거의 다 이런 돈 문제에 얽혀있다고 한다. 재산 문제 이외 성범죄도 결국은 돈과 연결이 되는 경우가 많단다. 언제부터 우리 사회가 이토록 삭막해진 것일까. 돈에 목매고 증오를 키우는 사회로 변질된 것일까.

나는 그 이유를 인성이 메말라 버린 탓이라고 생각한다. 남을 배려하는 마음과 아름다운 것을 보고 느끼는 공감 능력, 그리고 무의식의 실종이 가져온 저급한 병리 현상이라고 생각한다.

언젠가 지인들과 식사를 하러 갔을 때였다. 야외의 커다란 홀 안이 화려했다. 나는 그것을 보면서 단장이 된 것이 모두 살아있는 식물인 줄 알았다. 그런데 만져보니 식물이 아니고 플라스틱으로 정교하게 제작하여 설치해 놓은 것이었다.

그걸 보며 '가짜가 판을 치는구나.' 하는 생각을 지울 수가 없었다. 나는 그것을 보고 난 후, 사회에서 일어나는 잘못된 일들이 이렇듯 진실하지 않고 눈 속이고 있는데 기인한다고 생각하게 되었다. 그것을 알고 보니 마치 모든 장식이 가면이라고 여겨졌다.

그렇지만 그것을 보고 깜빡 속는 사람은 정서적으로 얼마나 씁쓸함을 느낄 것인가. 생명이 없는 것을 가지고 장식했다는 것을 안다면 무슨 감흥이 일어날 것이며 정서적으로 무슨 위안이 될 것인가.

그러한 터에 어제는 실로 어처구니없는 장면을 목격하게 되었다. 마트를 다녀오는데 심히 거슬리는 장면이 눈에 들어왔다. 경비원이 긴 대나무를 가지고서 은행나무 가지를 마구잡이로 후려치고 있었다.

나는 그것을 보고서 처음에 당연히 '은행 열매를 따는구나.' 하고 생각했다. 그런데 잠시, 아파트 단지에는 열매가 열리는 은행나무가 없다는 생각이 떠올랐다.

'그렇다면 왜 은행나무 가지를 두드리지?'

그 이유는 금방 알게 되었다. 나무 옆에는 빗자루와 쓰레받기가 놓여있었다. 그것으로 미루어 보아 경비원은 시나브로 떨어지는 은행잎을 날마다 쓸어낼 것이 아니라 한꺼번에 치워버리자고 마음먹은 것 같았다.

내가 사는 아파트 단지에는 은행나무가 십여 그루 있지만, 모두 수나무라 열매는 맺지 못한다. 이것들은 이즘 들어 샛노란 수관을 쓰고 아름다운 자태를 뽐낸다. 그런데 그것에다 대놓고 무도한 횡포를 부리다니. 이파리가 떨어지면 얼마나 떨어진다고 그러는 것일까.

도대체 경비원은 감성이 정상적으로 작동하는 사람일까. 혹여 사이코패스 기질이 있는 사람이 아닐까.

하도 우리 사회가 전반적으로 병들어가니 나타나는 현상이 아닌가도 의심된다. 그걸 보자니 인성과 감성이 한꺼번에 실종되었다는 생각에 내내 마음이 편치 않았다. (2022)

막둥이 아재

 이따금 어릴 적 한동네에 살던 막둥이 아재가 생각난다. 심신미약자가 군에 입대해 죽어 돌아와서일까. 병역 비리가 그를 죽였다는 생각에 오랜 세월이 흘렀지만 지금도 분노가 가슴 밑바닥에 쌓여 지워지지 않는다.
 1950년대 말, 바보 중의 바보인 막둥이 아재가 놀랍게도 신검을 통과했다. 1등급인 갑종 합격은 아니었지만 군에 갈 수 있는 을종에 합격한 것이었다. 이름 석 자도 제대로 쓰지 못한 것은 물론, 정신도 온전치 못한 사람이 합격 등급을 받으니 동네 사람들은 크게 걱정했다.
 "저런 바보가 어떻게 군 생활을 할 거라고 합격을 시켜!"
 하면서 모두 흥분했다. 아재는 많이 부족하여 또래들과는 어울리지 못하고 나이가 거의 열 살이나 차이가 나는 우리 틈에 끼어서 놀았다.

그런 아제가 하루는 노모와 절구질을 하다가 절굿공이로 어머니의 머리를 내리찍은 사고가 발생했다. 그런 일이 있고부터 동네 사람들은 아제를 모자란 사람으로 명토 박아 버렸다. 그런 사람이 군대에 가게 된 것이다.

병역 문제는 민감한 사항이다. 정상적인 장정이라면 마땅히 필해야 하는 국민의 4대 의무의 하나지만 비뚤어진 일부 사람들은 군에서 3년을 속절없이 보낸다는 생각에 수작을 부려 빠져나가려는 사람들이 있었다. 그렇다 보니 자원이 부족해져 부적격자로 채워지는 웃지 못할 일이 발생했다. 그 대표적인 사례가 막둥이 아재이다. 외양만 살펴보아서도 금방 모자란 사람인 것을 알 텐데도 뽑은 것이다.

그런 아재가 입대하던 날을 잊을 수가 없다. 동네 사람들은 역까지 몰려나가 전송을 하였다. 무운을 비는 마음이 아니라 도무지 물가에 내려놓은 아이처럼 여겨서 걱정하는 발길이었다.

한데 그런 사람이 군에 입대했으니 누가 정상적인 병무 처리라고 할 것인가. 당시 떠도는 소문에 의하면 어떤 이는 병역을 피하려 성한 귀에다 곯은 달걀을 집어내어서 귓병 환자로 위장하고, 또 어떤 사람은 억지로 굶고서 체중 미달로 면제되었다는 말이 파다했다.

세상에 이런 허술하기 짝이 없는 신검이 어디 있을 것인가. 더구나 막둥이 아제는 외양과 태도만 살펴도 금방 심신미약자인 것을 알 수 있는 사람이 아닌가. 아재가 휴가 나오기에 앞서 집으로 편지가 도착했다. 부대에서 누군가가 대필한 상투적인 편지글을 집배원 아저씨가 읽어 내렸다.

    부모님 전 상서
    기체후 일양만강하옵시고 가내 제절이 두루 평안하시온지요. 불초 소자 막둥이는 부대장님 아하 선임하사님의 보살핌으로 잘 있슙니다. 정든 집을 떠나고 보니 언제나 사랑으로 품어주신 부모님이 오매불망 생각납니다. (이하 생략)

  편지를 읽어 내려가자 부모님은 눈물 범벅이 되었다. 글 뜻도 모르면서 아들이 보내왔다는 사실 하나에 감격을 한 것이었다. 그런 일이 있고 나서 아재가 휴가를 나왔다. 그때 보니 몸은 홀쭉해졌고 손은 여기저기 상처투성이였다.
  한데 복귀하고 나서 얼마 후 청천벽력 같은 소식이 전해졌다. 부대에서 안전사고로 사망했다며 유골을 인수하라는 통지서가 도착했다. 그의 형님이 달려가서 흰 보자기에 싸인 유골 상자를 목에 걸고 돌아왔다.
  그 일을 나는 잊을 수가 없다. 그 주검 자체도 슬프지만, 당시 만연한 병역 비리 때문에 죽지 않아도 될 사람이 죽었다는 생각에 잊지를 못하는 것이다.

와룡매(臥龍梅) 생각

멀리 흘러가는 장강(長江)은 중간에 장애물을 만나면 돌아가고 낭떠러지를 만나면 곤두박질을 친다. 그러면서 결국은 한곳에 모인다. 나는 와룡매(臥龍梅)를 떠올리면 이 나무들이 제각각 아픔과 사연을 안고 있을지라도 몸 안에 우리 민족 고유의 정신과 정서를 오롯이 간직하고 있다고 생각한다. 그리 생각하는 이유는 매화나무 자체가 본디 간직한 기품에다 우리와 함께해온 간난신고(艱難辛苦)의 이력을 지니고 있다고 느끼기 때문이다.

3년 전, 나는 보성 복내에 200년이 넘은 고매(古梅) 나무가 있다는 말을 듣고 환자를 돌보는 처지에 운신이 자유롭지 못함에도 불구하고, 불원천리 달려갔다. 고을에서 삼베 지킴이로 살아가는 이찬식 선생이 자기 집 대밭에 200년이 넘은 회화나무와 또 다른 인근의 죽곡정사(竹谷精舍)에 자라는 매화나무 사진을 보내주었다.

 가서 보니 헌헌장부(軒軒丈夫)의 회화나무는 아직 철이 일러서인지 나목(裸木)의 상태인 꼭대기에 까치집을 매달고 있고, 매화나무는 오랜 세월을 버텨온 탓에 검버섯 핀 노인의 얼굴처럼 몸피가 수백 번 벗겨져 흉터가 생기고 몸통과 가지는 이리저리 뒤틀린 형상을 하고 있었다.

 그것도 역시 잎이 없이 맨몸이기는 마찬가지였다. 나는 그걸 보면서 바로 "이건 와룡매군요"라고 말했다. 내 말에 죽곡정사 주인과 안내를 맡은 분은 처음 듣는 말이라는 듯 의아해했다.

 내가 대번에 그리 말한 이유가 있다. 오래전에 지인으로부터 눈물겨운 와룡매에 대하여 들은 바가 있었다. 이야기를 들려준 이는 1990년 초에 일본 센다이한국교육원에서 교육연구사로 활동한 임창순 선생이다.

 매화나무는 거의 곧게 자라는데 와룡매는 땅바닥을 기듯이 몸통과 줄기가 마치 용처럼 나직하게 꿈틀거리며 자라는 것을 이른다. 이 말을 전해준 선생도, 1988년 한국에서 올림픽이 열리기 이전에는 그 말 자체를 몰랐다고 한다.

 그런데 올림픽 이후 한국과 일본 교류가 활발해지자 우리나라에 일본 단기 유학생이 들어오기 시작했는데, 그중 한 학생이 "와룡매를 아느냐."라고 묻더란다. 당시는 아는 바가 없어서 대답을 못해 주었는데, 이태 후에 일본을 갔더니 과연 그런 나무가 있더라는 것이다.

기력이 쇠하여 몸통은 비록 부목에 의지하고 있지만, 여전히 아름다운 꽃을 피우고 있더란다. 선생은 그 나무가 한국에서 건너간 내력을 알아내고서 적잖이 충격을 받았다고 한다.

와룡매가 일본으로 건너간 내력이다. 현재 일본에는 이즈간지(瑞巖寺)와 센다이공원, 그리고 야마기형무소 등 세 곳에 심겨 있는데, 그것은 임진왜란 때 창덕궁에 있던 것을 반출한 것이라고 한다. 토요토미 히데요시(豊臣秀吉)가 심복인 다테 마사무에(伊達政宗)에게 명하여 1593년에 파갔다고 한다.

그것이 나중 다테가와 보리사인 마치시마(松島)의 서암사가 중건되면서 불당 앞 양옆에 홍백이 함께 심어져 4백 년 동안 꽃을 피우는 명목이 되었다는 것이다.

임 선생은 그것을 현지에 가서 보고는 크게 감동하였단다. 대번에 아픔이 느껴져서 그것을 글로 써 지인인 일본 교장에게 알리고, 다시 일본 수필집에 게재하게 되었단다. 그런데 그것이 큰 반향을 일으켰다. 당장에 그 교장은 자기 학교와 자매결연을 한 경기도 수원농림고등학교에 그 후계목(後繼木)을 기증하고 싶다는 의사를 밝혀왔다.

당시만 해도 일본에서는 철저히 반출을 막고 있었는데, 마침 학교에서 와룡매 분양을 허락받아 실습장에서 육종하고 있었다. 그게 마침내 자매학교에 기증이 이루어지게 되었단다. 한데 이후에 이상한 일이 벌어졌다. 이미 한국에 그 와룡매가 돌아왔는데, 또다시 다른 이벤트 행사가 벌어진 것이다. 그것은 1999년 3월 26일 안중근 의사 89주기 기념식에 맞추어 행해진 소위 '와룡매 환국식'이었다.

이것은 다소 뜬금없는 것이었다. 와룡매가 있는 사찰의 129대 주지 하라나소료(平野宗淨) 스님이 일본의 조선 침략으로 인한 수많은 살상과 약탈의 피해를 참회하는 의미로 후계목 반환을 제안한 게 한국과 일본 양국의 외교통상부가 적극적으로 협조한 것이다.

이런 연유로 서울 남산공원에 매화가 심긴 내력이 있다. 애초부터의 갖고 있던 원죄에다 야마기현 대림사에는 안 의사의 영정이 모셔져 있는 것이다. 또한 와룡매는 그곳 가까운 곳에 있다.

거기다가 안 의사가 뤼순감옥에서 마지막을 보낼 때 간수가 그곳 출신의 치바도시치(千葉七十)였다. 그는 안 의사를 깍듯이 존경하여 마지막 유묵을 받기도 했다.

가족들은 그가 죽자 위패와 함께 유묵을 놓고 제사를 지내오다 나중 대림사에 기증했다고 한다. 와룡매는 지금 안 의사의 동상이 내려다보이는 공원에 홍백 두 그루가 심겨 있다. 그것은 세월이 흘러 어느덧 거목이 되었다.

우리나라 와룡매는 한동안 창덕궁에 있던 것이 사라진 후, 사람들의 기억 속에서 사라져갔다. 그러나 5천 년을 이어온 역사가 있는데 그대로 맥이 끊길 이유가 있는가. 최근에는 김해공업고등학교의 교내에 있는 것이 밝혀지더니 마침내 보성에서도 찾아내게 된 것이다.

보성 죽곡정사의 와룡매는 내가 바른 이름을 찾아주기 전에는 그냥 '고매(古梅)'로만 불렸다. 고유의 이름을 잊어버린 것이다. 이 묵은 와룡매도 200년의 수령을 자랑한다. 본래 가지가 쳐지는 특성에다 워낙에 노구라서 담장에 큰 줄기를 기대고 있지만 지금도 이른 봄이면 가장 먼저 붉은 꽃송이를 터트린다고 한다.

이곳은 회봉(晦峯) 안규용(安圭容) 선생이 일제 강점기 인동의 학동을 모아 서당을 연 곳이다. 죽곡정사를 지으면서 매화를 가져다가 심었는데 당시도 어지간히 큰 나무였다고 한다. 그로 미루어 보아 해방이 된 지 80년이 다 되어 가니 이미 노목이 된 것이다.

일제강점기 보성에는 세 분의 뛰어난 문사가 있었다. 글씨는 설주 송운회 선생, 시문에는 회봉 안규용 선생이었다. 이분들의 필적과 문장은 인동의 사당과 비문, 목판과 문집에 온전하게 남아 있다.

나는 개인적으로 뒤늦게 찾아낸 이 와룡매는 물론, 아픔을 안고 돌아온 매화도 명맥을 잘 이어가야 한다고 생각한다. 돌이켜 보면 돌아온 매화는 낯선 땅에 끌려가 그간 얼마나 서러움을 받은 것인가. 그리고 남아 있는 것도 그간 정체를 숨기느라 얼마나 숨죽여온 것인가. 그런 면에서 와룡매는 일본의 농업학교처럼 육종에 힘을 써서 널리 보급을 했으면 한다. 잘 가꾸어 상품화하면 인기 있는 품목이 되지 않을까.

나는 일련의 와룡매 수난사를 보면서 도도히 흐르는 큰 물줄기를 생각한다. 기존에 있었던 것을 뒤늦게 찾고, 반출되었다가 다시 돌아온 매화들은 모두 한 줄기가 아닌가 생각한다. 그러한 의미에서 와룡매는 더 이상 흩어지는 시련을 겪지 않고 우리나라 안에서 굳건히 뿌리 내려서 맥을 잘 이어가기를 바라본다. (2023)

의미심장(意味深長)한 조언

 한자로 사람 '人'자는 그 형상이 마치 두 발은 땅을 딛고 머리를 기대어 하늘로 향한 모양이다. 이것은 거칠 게 없는 자유인의 모습을 나타낸다. 하나, 사람이 사방이 막힌 틀 속에 갇히면 죄수(罪囚) 아닌 죄수가 된다. 이 수(囚)의 형상은 누가 보나 어디에 갇혀서 꼼짝을 못 하는 것을 나타낸다.
 자유인이 갇혀버리면 몸이 자유롭지 못하고 생각도 자유롭게 할 수가 없다. 생각은 거칠 것 없이 어디든 뛰어넘어 자유로울 것 같아도 몸뚱이가 갇히면 그에 따라서 구속받지 않을 수 없다.
 사람은 어떤 계기로 어느 패러다임에 갇혀버리면 자유의사가 없는 상태에서 꼼짝없이 이끌려 따를 수밖에 없다. 도그마에 갇혀서 빠져나가기 쉽지 않다. 그것을 강조하며 한사코 내게 그것을 인식시켜주는 사람이 있다. 바로 대체의학을 하는 아우로, 그는 사람들이 어떤 인식 속에 갇혀서 빠져나오지 못하는 것을 안타깝게 여긴 나머지, 형인 나만이라도 바른 인식을 하도록 설명해 주고 이끌어 준다.

아우가 예시적으로 드는 것이 있다. 사람은 몸이 아프면 약국이나 병원을 찾아가는데 이것은 본능은 아니고 일정한 학습이 된 것이라고 한다. 모든 사람이 그리하니 이끄는 데로 자연스럽게 그리 행동한다는 것이다.

TV만 켜면 광고매체에서 무차별적으로 약 광고를 내보내고 모델이나 의사와 약사들이 나와서 시도 때도 없이 선전하니 세뇌가 되지 않을 수가 없다는 것이다. 그렇지만 맹신할 것은 아니고 똑바로 알고 있을 필요가 있다고 한다. 그런 사람치고 암(癌)을 고치거나 고쳤다는 말을 들어본 적이 있는가를 물어보라고 한다. 아우는 그걸 늘 강조한다.

많은 사람이 현혹되어 있는데 이런 말에 속아 넘어가서는 안 된다고 한다. 아우는 현업에 종사하면서 안타까운 나머지 조언을 하는데 고치기 어려운 것은 암뿐만이 아니라고 한다. 자가면역 질환도 마찬가지고 고혈압과 당뇨병도 마찬가지라고 한다. 현대의학은 그 증상을 개선하는데, 도움을 줄 뿐이지 근본적으로 고쳐서 치유하지는 못한다고 한다.

그런데도 병원과 약국은 터 좋은 명당자리를 차지하고서 성업 중이다. 거기다가 수많은 신약이 하루가 멀다고 쏟아지며 전문의와 의학박사들 또한 끊임없이 배출된다. 최근 미국 의학계에서 나온 말이라고 한다. 현대의학이 사람의 인체를 파악하는 수준은 고작 20% 정도라고 한다. 극단적으로 어느 나라의 의과대학

총장 같은 분은 그 정도가 겨우 1%밖에 안 된다고 말하고 있다.

이런 마당에 의약 시장은 힘 있는 기업들이 장악하고 있다. 거의 모두가 이름있는 다국적기업들이다. 이들은 전 세계가 코로나19로 시련을 겪을 때도 엄청난 이문을 챙겼다. 그러면서도 인도적인 견지에서 저개발국가에 백신을 무상 공여했다는 말을 듣지 못했다.

하긴, 개발 과정에서 천문학적인 돈을 투자했으니 공짜로 나눠주기는 어려울 것이다. 그렇지만 한 지구촌에서 한 무리의 공통체로 살아가면서 그래도 어느 정도는 부자의 품격을 보여주어야 할 것이 아닌가.

들리는 말에 의하면 세계의 고혈압약과 당뇨약은 다국적기업이 거의 독점하면서 막대한 이익을 취하고 있다고 한다. 수년 전에는 혈압의 국제표준을 130으로 낮춰서 여기에서 넘으면 고혈압 위험군으로 분류하여 혈압약을 복용하도록 권장하고 있다.

그에 대해서도 아우는, 강조한다. 사람이 나이가 들면 피가 탁해지고 혈관이 좁아져서 피 순환을 원활히 하려면 심장이 그만큼 압력을 높여 펌프질할 수밖에 없는데, 그 기능을 오히려 떨어뜨리게 하는 것은 옳지 않다고 한다.

그러면서 아우는 중국에서 2,500년 전에 나온 황제내경(黃帝內經)을 드는데, 이것은 지금도 한 자 한 획 논박을 받은 일이 없다고 한다. 그중에서도 영추(靈樞)에 나오는 기맥을 다스리는 부분은 오늘날까지도 침과 뜸의 지침이 되는 침경(針經)이 되고 있다고 한다.

황제내경이 강조하고 있는 것은 다른데 있지 않다고 한다. 이것은 오직 외부에서 타인이 병을 고치는 것을 말하고 있지 않고 환자 스스로가 낫게 하는 방법에 이르고 있다는 것이다.

이것을 생각하면 의학의 아버지 히포크라테스가 한 말을 새겨 들어야 하지 않을까 한다. "자기 몸에는 의사가 100명이 있다"라고 한 말. 또한, 석가모니가 하신 "깨달은 자만이 새가 그늘을 피해 가듯이 피해 갈 수 있다"라는 하신 말씀도 눈여겨 볼 필요가 있지 않나 생각한다.

사람의 몸은 자연치유력을 가지고 있다고 한다. 교감신경과 부교감신경을 흥분시키지만 않고 위에 담은 음식만 절제하고 피를 맑게 하고 배변만 잘하게 하면 문제가 될 것이 없다고 한다.

몸을 도는 림프, 기, 혈액만 잘 순환시키면 된다고 한다. 애초에 조물주가 사람의 인체를 그렇게 만들어 놓았다는 것이다. 이를 강조하면서 아우는 스스로 깨어나야 한다고 한다. 약이 얼마나 해로운지, 의사는 병을 고치는 사람이 아니며 환자 스스로가 나아지도록 하는 조언자에 불과하다는 것을 인식할 필요가 있다고 한다.

그 말을 듣다 보면 각종 홍보 매체가 쏟아내는 혼탁한 광고 속에서 살아갈 길은 자기가 정신 차리고 '각자도생' 하는 길밖에 없지 않나 하는 생각이 든다. 특히 암을 생각할 때, 그러하다. 국립의료원장도 말하지 않았던가.

"암 치료를 하는 것은 집에 불이 났는데 잠시 불길을 피해 옥상으로 갔다가 뛰어내리는 것에 불과하다"라고. 갇힐 수(囚)를

생각하면서 사람들이 대책 없이 어떤 패러다임에 갇혀 지낸 것이 여간 안타깝게 여겨지지 않는다. (2022)

대만 여행 중 특별히 느낀 것

좋은 구경하는데 컨디션까지 따라주었으면 얼마나 좋았을까 마는 인간사 호사다마(好事多魔)라 했던가, 모처럼 해외여행에서 두 가지 행운은 누리지 못했다. 먼저 출발 때부터 심야버스를 타는 바람에 신경이 예민해져 잠을 잘 수가 없었다. 거의 뜬눈으로 새우다시피 해서인지 목이 잠겨오기 시작했다. 이내 감기가 들어버렸다.

그 바람에 본의 아니게 여러 사람의 신세를 지게 되었다. 약을 지원받게 된 것이다. 막판에는 설사까지 겹치는 바람에 이동 중에 실수나 하지 않을까 전전긍긍했다. 그렇지만 다행히 일행 중 어느 분이 준비한 정로환을 건네주어서 가까스로 위기를 넘겼다.

먼저 인상 깊은 구경을 한 것은 대만에서 공자(孔子)님의 흔적을 대하고 임어당(林語堂) 선생의 고택을 만난 것이다. 두 곳의 유적지가 모두 인상적이었다.

내가 林 가라는 상수를 놓고 볼 때 이 두 분은 나와는 잇닿은 인연이 있다. 먼저 공자님은 나의 태시조(太始祖) 되시는 비간공(比干公)과 관계가 깊다. 비간공은 은나라 왕족으로서 말년에 폭군 주왕(紂王)에게 참화를 입었는데, 다음과 같은 이야기가 전해온다. 조카인 주왕에게 바른 정치를 하도록 간(諫)하자,

"옛 성현의 말에 충신은 심장에 일곱 구멍이 있다는데 확인해 보자"라며 칼로 가슴을 찔러 심장을 꺼내었다. 이 내용은 공자님이 지은 논어(論語) 미자 편에 기술되어 있다.

비간공은 폭정으로 나라를 그르치고 있는 주왕의 마음을 돌려세우려고 했으나 듣지 않았다. 누구 한 사람 선뜻 나서서 바른말을 못 하는 상황에서 공은 홀연히 극간을 했다가 죽음을 맞이했다. 그런 연유로 중국에서는 오늘날까지도 공을 충신의 화신으로 받들어 모시고 있다.

당신의 충의를 먼저 알아본 사람은 은나라를 무너뜨리고 새 왕조를 세운 무왕이었다. 무왕은 공의 부인과 아들이 장림산에 숨어서 은거한다는 소식을 듣고 세상 밖으로 나오게 하였다. 그리고는 임 씨라는 성을 사성(賜姓)하고 견(堅)이라는 이름을 지어주었다. 다음은 공자님이다. 공자님은 비간공 사후 1,000년 후에 공의 무덤을 찾았다. 제자들을 이끌고 와 참배 후 비문 하나를 남겼는데. '殷比干莫(은비간막)'이었다. 그것은 비간공의 무덤이란 뜻이다. 공의 무덤은 중국 복건성 위하시에 있는데 지금까지 공자님의 행적을 더듬어볼 때 가장 오래된 친필 글씨로 알려져 있다.

공의 묘소에는 중국에서 가장 많은 비석이 세워져 있는 것으로 유명하다. 모두 64개인데 위로부터는 진, 한, 당, 송에 걸쳐있다. 그러니 각별한 생각이 들지 않겠는가. 임어당 선생은 그분의 후손이니 두말할 필요도 없다.

한국 임 씨는 신라 말 당나라에서 임팔급(林八及) 공이 도래(渡來)함으로써 우리나라에서 핏줄을 이어가게 되었다. 처음 자리 잡은 곳은 지금의 평택. 이전에는 팽성이라고 불리던 곳이다. 한데 재미있는 사실은 당신의 고향이 복건성에 있는 팽성(彭城)인데 이곳에 와서도 똑같은 지명을 붙인 것이다.

생각해 보면 조상님은 중국에서 넘어오기는 했으나 한족(漢族)은 아니다. 일찍이 한자를 만들어 쓴 동이족이 상(商) 나라를 세우고 한반도를 비롯하여 산둥 지방 일대에서 터 잡고 살았다. 그것은 홍산문화권이 발굴되고 단군조선의 실체가 드러남으로써 역사적 사실로 증명되었다.

문중에서는 20여 년 전 터 잡고 살아온 세거지(世居地)를 수원대학교에 학술조사를 의뢰하여 고증을 받았다. 그것을 근거로 농성(農城)에다 팔급 공의 동상을 건립하였다.

그밖에 눈여겨보면서 특별히 느낀 것은 옛 건물을 허물어 버리지 않고 그대로 보존하고 있는 점이었다. 우리나라 같으면 부수고 없애는 것을 정비나 개발이라고 생각했을 테지만 그렇지 않은 것이 인상적이었다. 우리나라와 똑같이 일제의 지배를 받았음에도 그 잔재들을 그대로 보존하여 활용하는 것이 유달라 보였다.

어느 골목에서는 유치원생들과 초등학생들이 야외 학습을 나왔는데, 이색적이었다. 길바닥에 엎드려 그림을 그리고 있는 것이 천진난만하고 신선해 보였다. 통행인이 이리저리 비껴가는 데도 아랑곳하지 않고 자기 하는 것에만 열중한 것이 그 나라 민족성을 보는 듯했다.

그런 가운데서도 나는 고궁박물관을 둘러보고서 다소 엉뚱한 확신을 얻었다. 가이드 말에 의하면 대만 사람들은 우리의 우려와는 달리 중국 침략을 걱정하지 않고 무사태평하다는 것이었다. 오히려 북한 위협에 노출된 한국을 더 걱정한다는 것이었다. 그 말을 듣고 웃었지만, 알고 보니 그럴만한 근거가 있었다.

수천 년대에 걸쳐 만들어진 어마어마한 문화유물을 보유하고 있는데, 어느 정신 나간 침략자가 부수겠는가. 민족과 역사 앞에 죄인 됨을 무릅쓰고 폭격을 감행하겠는가. 그러고 보면 장개석 총통은 혜안이 있어 국가보존과 문화재보호라는 양수겸장의 카드를 쓴 것이 아닌가 한다.

구경하는 동안 내내 입에 맞지 않는 음식과 오한과 발열, 설사로 인하여 기분은 더없이 우울하고 걱정으로 보낸 날이었으나, 그런대로 얻어들은 것이 많은 여행이 아니었는가 한다. (2024)

별칭, 딘 소장의 일화

어떤 기념물이 어느 한곳에 세워진 건 장소 적으로 상징성을 가지고 있기도 하지만 그냥 단순하게 사람들이 많이 모여들기 때문에 택한 예도 있다. 그런데 어느 순직비는 이 두 가지를 두루 갖추고 있지 않았나 생각한다.

무엇을 두고 하는 말인가 하면 1962년에 철도청이 대전역 광장에다 세워놓은 순직비를 일러 말하는 것이다. 현장성도 있고 잘 드러나고 있어서 최적지가 아닌가 한다.

이 철도 기관사 순직비에는 '기적을 만든 사람들'이라는 타이틀이 붙어 있다. 모두 3인인데 맨 앞쪽은 김현 기관사, 중앙은 현재영 보조기관사, 좌측에는 황남호 기관사가 부조되어 있다. 이 조형물은 보기에 매우 역동적이다. 부조상이 각각 전방을 주시하거나 열차 화구에다 석탄을 퍼 넣는 장면, 그리고 동표를 들고 전해주는 모습을 하고 있다.

이 세 사람은 6·25 남침 시 적군이 대전에 진입할 때 미 육군 24사단장 딘 소장(51세)을 구출하기 위해 현장에 투입되었다. 그들은 특공대로서 물불 가리지 않고 미카 3-219를 몰고서 뛰어들었다. 물론 그 직전까지 군수물자를 실어 나오는 임무를 수행했다.

그때 딘 장군은 대전에서 지연 전투를 벌이고 있었다. 상부로부터 상황이 급박하니 후퇴하라는 명령을 받았으나 장군은 끝까지 그곳을 사수했다. 물밀듯이 들어오는 적 탱크에 수류탄을 투척하면서 적극적으로 저지했다. 그렇지만 수적 열세에 놓인 딘 장군은 포로로 잡히고 말았다.

한편, 세 기관사는 막중한 임무를 띠고 고군분투하였으나 적이 무차별 쏘아대는 탄환에 그만 두 명이 순직하고 말았다. 나머지 한 명도 총을 맞고 겨우 적진을 빠져나왔다. 그런 만큼 세 기관사의 헌신은 충분히 기릴 만하다.

한데, 그런 임무와는 달리 직접 딘 장군을 확실하게 구출해낸 역사적인 인물이 존재한다. 그 사람은 바로 완도 고금면 농상리 출신 김기운 일등병. 그는 중공군의 대 공습 시 백마고지 전투 현장에 투입되었다. 아군과 적군이 서로 한 치의 양보 없이 일진일퇴를 거듭하던 때였다.

김기운 일등병은 최전방에서 초병 근무를 하다 피곤한 나머지 그만 깜빡 잠이 들고 말았다. 그사이 소속 부대는 화력에 밀려 후퇴를 해버렸다. 그것도 모르고 있던 그는 한참 후에야 자기가 고립된 사실을 깨닫고는 칠흑같이 어둠을 뚫고 아래로 내려왔다.

그런데 자기 앞에 위장 막사가 나타났다. 앞뒤 가리지 않고 들어갔다. 안을 살펴보니 사람은 없고 수류탄이 놓여 있었다. 그는 수류탄 주어서 막사를 폭파하였다. 그때였다. 갑자기 누가 권총을 빼 들고 그의 머리를 겨냥했다. 어둠 속에서 아군인지 적군인지를 몰랐지만, 머리카락이 쭈뼛 섰다. 총을 쏘려는 것을 얼떨결에 한 손으로 뿌리쳤다.

순간 총은 발사되고 저지하던 손가락이 날아갔다. 그 상태에서 김 이등병은 온 힘을 다해 총을 빼앗아 던져버리고는 그의 허리를 감싸 안고 비탈 아래로 굴러 내렸다.

천우신조일까. 그곳에 아군이 주둔해 있었다. 상대는 붙잡아 놓고 보니 그는 중공군 3성 장군이었다. 그러니까 중공군 장군은 병력을 배치해 두고 막사 안에서 쉬고 있다가 난데없는 수류탄 세례를 받고 뛰쳐나온 이었다.

마침내 3년간 이어온 전쟁이 멈추고 포로 협상이 진행되었다. 아군 측에는 사로잡은 중공군 3성 장군이 있고 적군에는 붙잡힌 딘 소장이 있었다. 두 포로는 교환이 되었다. 이후 김기운 일등병은 중공군 장군을 붙잡은 공로로 미 금성훈장을 수여받게 되었다. 그는 이승만 대통령이 전수한 수상 자리에서 소원을 묻자 이렇게 말했다고 한다.

"다른 것은 다 필요 없고 어서 집에 갈 수 있게 해주십시오."

그리하여 그는 상이용사의 몸으로 전역을 하게 되었고 마침내 금성훈장을 목에 걸고 목포 여객선 부두에 도착했다. 이때 검문을 나온 헌병이 그 훈장을 보고는 욕심내어 탈취해 버렸다.

전역을 딘 소장이 한국을 방문했다. 자기의 은인 김기운 일등병부터 찾았다고 한다. 연락을 받은 김기운 씨는 옷을 단정히 입고서 장군 앞에 섰다. 장군은 반가워하며 포옹부터 했다. 그러면서 미국으로 가서 같이 살자고 했다고 한다. 그렇지만 그는 거절했는데 장군은 금성훈장을 잘 간직하고 있는지를 물었단다.

이때 탈취당한 사실을 이야기하자 군에서는 비상이 걸렸고 수사를 하고 보니 그 헌병은 그것을 금방에다 팔아버린 뒤였다. 문제는 그것만 드러난 것이 아니었다. 당시 미국에서는 금성훈장 수여자에게 연금을 지급했는데 확인해 보니 그것도 담당 공무원이 절반을 착복한 것이었다. 씁쓸한 이야기가 아닐 수 없다.

김기운은 고향 돌아와 농사꾼으로 살다 62세로 생을 마감했다고 한다. 그는 배운 것이 없어서 변변히 민원도 넣을 줄 모르는 사람이었다. 그렇지만 인동에서는 평생 '딘 장군'이라는 별칭을 들으며 살았단다.

전쟁이 끝난 후 많은 세월이 흘러 그 일은 사람들의 기억에서 잊혀갔다. 그렇지만 그 실화는 영원히 기억되지 않을까 한다. 비록 세워진 기념물은 없지만, 철도청 기관사의 그 기념비처럼 오래도록 빛나지 않을까 한다. (2023)

엇갈린 두 시선

　사람이나 작품이나 간에 특별한 얘깃거리가 깃들어 있어야 관심과 호기심을 불러일으킨다. 그런 작품일수록 깊이와 풍미가 더 느껴진다. 특히 예술작품의 경우, 그 작가의 전반적인 삶이 투영되어야 현장성과 함께 몰입하게 된다. 살아생전 가난에 찌들어 산 고흐는 제값 받고 작품 한 점 팔아보지 못한 상태에서 극심한 가난과 정신분열증에 시달리다 자살해 버렸다. 그 이전에는 자신의 귀를 잘라 세인을 놀라게 하였다.
　노벨문학상을 탄 헤밍웨이는 어떤가. 소지한 권총으로 관자놀이를 쏴 죽음으로써 화제를 일으켰다. 그러기는 또 한 사람 노벨문학상을 탄 가와바타 야스나리 또한, 할복자살함으로써 세상을 놀라게 하였다.
　그런 일은 굳이 외국에서만 찾을 일도 아니다. 고뇌에 찬 삶을 살다간 천재 화가 이중섭은 6·25전쟁 중에 화선지와 물감 살

돈이 없어서 주로 담뱃갑에 붙은 은박지를 떼어내 그림을 그렸다. 그러한 궁핍은 그의 트레이드마크가 되었고, 박수근 화백 역시 동시대를 살면서 호구지책을 위해 극장 간판을 그리다가 미군 부대에서 병사들에게 초상화를 그려 팔기도 하였다.

그 사연은 나중 박완서 선생이 소설 〈나목〉이란 작품을 써서 새삼 부각이 되었다. 한편, 일제 강점기에 이루어질 수 없는 사랑을 비관한 나머지 현해탄에 몸을 던져 죽은 성악가 윤심덕과 극작가 김우진의 사연은 또 어떤가.

그들의 비극적인 사연으로 인해 그녀가 부른 '사의 찬미'는 오랜 세월이 흐른 지금도 널리 회자가 되고 있다. 그렇지만 근대를 더듬어 현대에 이르기까지 가장 풍성한 얘깃거리를 전하는 사람은 천재 시인 이상(李箱)과 천재 화가 수화(樹話) 김환기(金煥基) 화백이 아닐까.

먼저 이상은 1910년생으로 27세라는 섬광의 불꽃 같은 짧은 생을 살다 갔다. 당시에는 크게 평가를 받지 못했으나 많은 예술가에게 영감을 주고 수많은 문학평론가가 평전을 쓸 정도로 우리 문학사에서 굳건히 한자리를 차지하고 있다. 그는 경성공업전문학교를 수석 졸업하고 난해한 시와 함께 심리묘사가 뛰어난 소설 작품을 남겼다. 그의 번뜩이는 천재성은 기생 금옥과 종로 거리에 다방 〈제비〉을 열면서 그 간판을 'J B'라고 단 데서도 알 수 있다.

'오감도'라는 시는 하도 난해하여 문학평론가들 사이에서 일제 강점기 시대의 암울한 삶을 그린 것이라는 설과 단지 수음

(手淫)하는 짓거리를 썼다는 등으로 의견이 분분하지만, 당시 독자로부터 비난이 등등했음에도 신문에 그의 시가 50여 회나 연재되었다는 것도 흥미로운 일이다. 일설에 의하면 그것은 조선일보 문화부장으로 있던 상허 이태준이 밀어붙여서 연재가 지속이 되었다고 하는데, 알고 보면 그의 배짱도 대단하다.

또 한 사람은 김환기다. 그는 1913년생으로 이상보다는 세 살이 적다. 그는 향년 61세를 살면서 한국을 대표하는 작품을 다수 남겼다. 그의 작품 〈우주〉가 두 폭을 합친 가격이 132억에 낙찰이 되었다니 최고가를 기록한 면에서 한국 대표 화가라고 할 수 있다. 도쿄의 니혼대학 예술과 미술부에 입학하였고, 전위를 표방하는 미술단체 '아방가르드 양화연구소'에 참여한다. 후지타 츠구지의 주도하에 길진섭, 김병기와 함께 활동하였다. 서울대학교 미술대 교수를 역임하였고, 유럽에서 활동하다기 1959년에 한국으로 돌아왔다. 귀국 후 홍익대학교 교수가 되었으며, 초대 예술원 회원, 한국미술협회 이사장을 역임하였다.

그런데 이 두 천재 사이에 걸쳐있는 여인이 있다.

한번은 본명대로 변동림(卞東琳 1916~2004)으로 살고 두 번째는 남편의 성을 따서 이름을 김향안(金鄕岸)으로 산 사람이다. 그미는 경성여고보와 이대 영문과를 졸업한 대단한 수재였다.

그미는 나이 20세에 이상을 만나 결혼했다. 작품 〈오감도〉을 읽고서 한눈에 반했다고 한다. 그렇지만 그러한 그를 배다른 언니는 극구 반대했단다. 이상이 심하게 결핵을 앓고 있어서였다.

그렇지만 떼어 말릴 수는 없었다. 그와 함께 한 기간은 고작 4

개월. 친구이면서 조카뻘이 되는 화가 구본웅이 다리를 놓아주어 만나고 또 그가 이상의 병 치료를 위해 여비를 마련해 주어 도일을 했다. 그러나 그것은 결과적으로 죽음을 앞당기는 걸음이 되고 말았다.

일본에서 불령선인(不逞鮮人)으로 지목돼 붙잡혀서 경찰서 유치장에 한 달 남짓이나 갇혀버렸다. 그로 인해 결국 병이 악화되어 도쿄대학병원에서 끝내 눈을 감고 말았다. 부인 변동림이 연락을 받고 급히 갔을 때는 거의 의식도 없는 상태였다. 가까스로 임종만을 지켰을 뿐이었다. 그녀는 유골을 봉안해와 미아리 공동묘지에 묻었다.

변동림은 그 후 김환기를 만났다. 이때도 언니는 유부남인 그와의 동거를 극구 반대했다고 한다. 아이들이 셋이나 있는 데다 엄연히 그의 부인이 있었기 때문이다. 그렇지만 그녀는 고집을 꺾지 않고 동거에 들어갔고 나중에 이혼이 됨으로써 정식부부가 되었다.

변동림은 동거를 반대하는 언니와 의절하면서 이름을 김향안으로 바꾸었다. 이때부터 제2의 인생을 살게 된 셈이지만 그에 대해서는 두 가지의 시선이 존재한다.

첫 번째는 이상을 진심으로 사랑했느냐는 것이다. 사랑한 것으로 볼 수 있는 것은, 언니가 극구 반대를 했음에도 결혼을 감행한 것과 진심으로 이상 문학을 좋아하고 그 재능을 알아본 것, 그리고 위급하다는 말을 듣고 한달음에 일본까지 건너가 임종을 지켜보고 유골을 봉안해 온 점이다.

그렇지만 그렇지도 않게 느껴지는 것은 이상이 임종 시에 도쿄 의대학생들이 데스마스크를 떴는데 그것을 수습하지 않았고, 나중 이상의 여동생 말에 따르면 그미가 유품을 가지고 나갔는데 나중 진술에 의하면 전혀 기억이 나지 않는다고 말한 점이다.

그리고 김환기 화백의 부인으로 살면서 보인 태도도 그렇다. 그를 잘 섬기며 최대한 작품 활동을 안정되게 도운 점이나, 작품을 잘 관리함으로써 평가를 드높인 점은 인정할 수 있으나, 결과적으로 동거에 들어감으로써 본처와 이혼을 하게 만들고, 자녀들도 잘 돌봐주지 않았다는 말이 무성하기 때문이다.

항간에는 두 천재를 사랑한 여인으로 미화가 되고 있지만, 비록 이상과 혼인신고를 하지 않은 상태로 사별을 했다고 해도 그의 유품은 하나쯤 챙겨야 하지 않았는가. 그의 천재성을 생각할 때 너무나 아까워서 하는 말이다.

그리고 김 화백과 동거에 들어갈 때도 그가 일방적으로 매달렸다는 말이 돌기도 하지만 그미의 언니가 했다는 말 또한 영 게운 하지가 않다. 자기를 키워주다시피 한 언니를 매도했다는 것인데, 후실로 들어가는 것을 말리는 데도 성과 이름까지 바꿔가며 보인 행동에 대해서는 그것이 진정 아름다운 사랑인지 고개를 끄덕이기는 어렵다.

그렇지만 한 시대에 특별히 두 천재를 만나고 사랑하여 특이한 스토리텔링의 화젯거리를 남긴 것은 노변정담의 풍요에 더하여 한자락 예술인의 편린을 후세에 전하고 있다는 점에서 의미와 가치가 한층 더 있는 것이 아닌가 한다. (2022)

이즘의 언어 풍조

 이즘은 시대가 변천하여 의(衣), 식(食), 주(住)의 변화가 크게 일어난 건 물론, 일상의 언어생활도 많이 바뀌어 감을 느낀다. 요즘은 사람들이 입고 사는 것은 걱정하지 않는다. 옛날처럼 떨어진 옷을 기워 입지도 않고 넝마를 걸치고 다니지도 않는다. 허수아비도 헌 옷은 사절한다.
 먹고사는 것도 형편 따라 다르긴 해도 먹을 게 없어서 굶는 사람은 없다. 집도 마찬가지다. 자가가 아닌 전세를 살더라도 다 허물어져 가는 초가집 문간방을 얻어서 사는 사람은 없다. 그만큼 향상된 환경과 물질의 풍요 속에서 살아간다.
 한데 사람들이 구사하는 언어생활을 보면 이에 따르지 못한다. 살아가는데 여유가 없고 인정이 메말라 가서인지 무미건조하기 짝이 없다. 일부는 그렇지 않지만 대부분 사람의 대화에서는 폭력성과 천박함이 드러난다. 예컨대 "부자 되세요." "대박

나세요." 하는데 듣기에 저급하기 짝이 없다. 그 말에서 도무지 정감이나 정취를 느낄 수가 없다. 듣기 좋게 말하는지 몰라도 그런 말을 들으면 마뜩잖아서 얼굴이 찌푸려진다. 무얼 하든 돈만 벌고 돈만 많이 가지면 된다는 천박함이 드러나는 것 같아서 혀가 차 진다. 그런 말을 하는 사람들은 상대방이 듣기 좋아할 것으로 생각하고 하는 것일까.

예전에는 어디 그러했던가. 돈을 천시한 것은 아니지만 그것을 입에 올리는 건 금기시했다. 적어도 삶의 태도가 그러했다. 그런 풍습이 이제껏 남아 있는 것이 곡물 거래 어법이다. 곡식을 내다 판매해도 에둘러서 팔았다고 하지 않고 '샀다'라고 표현했다.

전에는 인사말도 품위를 잃지 않았다. 비록 가난하게 살면서 입은 입성은 허술했어도 건네는 인사말을 할 때는 그렇지 않았다. "안녕하신가요." "진지 드셨어요" "어서 쾌차하십시오" 그렇게 말했다. 그런데 지금은 그렇지 않다. 이러한 무미건조한 언어습관은 비단 인사말에만 한정되지 않는다. 전에는 대화 중에 흔히 듣던 직유법이 지금은 사라져버렸다. ~같이, ~인양, ~듯이, 등과 같은 말이 실종되어 버렸다. 이것들은 대체로 속담의 형태로 존재하는데, 그런 직유법이 오리무중이 되어버렸다.

"그 사람 야무지기는 대추방망이 같아."

"그 사람한테는 두꺼비 낯짝에 물 끼얹기지."

"늙은 소 흥정하듯 세월아 네월아 하더라고."

각각 야무진 사람과 잘못한 것을 반성하지 않고 고집부린 사람, 늘어 터져서 시간만 보내는 사람을 이르는 말인데, 그런 말 맛 나고 정감을 느낄 수 있는 말을 찾아볼 수가 없다. 거기다 사라진 것은 이뿐만이 아니다. 많이 사용하던 반어법도 지금은 오리무중이 되었다. "얼씨구 잘한다(잘못을 책망할 때).""내일도 또 그리해라 응(빈정댈 때)." 등이 실종하였다.

 언어생활의 표출은 일종의 문화 축적이다. 어느 한때 갑자기 출현한 것이 아니다. 수천 년에 걸쳐, 좀 더 실감이 나고 의사표현을 보다 명료하게 하다 보니 속담이 된 것이다. 속담은 대부분 출처가 분명한 격언이나 명언과는 다르게, 서민 대중이 자연발생적으로 생산해 낸 말로서, 그 안에는 해학이 있고 골계가 있으며 웃음이 있다. 간단한 말속에 촌철살인의 뜻이 담겨 있다. 그 대표적인 것이 "많이 무어따 아닌가(경상도식 표현).""무엇이 중헌디(충청도식 표현).""징하고도 징합네(전라도식 표현)." 등이다.

 한편, 속담 속에는 명언과 격언이 녹아든 것도 많다. "백문이 불여일견"은 한나라 조충국의 말이 속담으로 굳어졌다. 영국의 철학자 프랜시스 베이컨이 말한 "아는 것이 힘이다."라는 것도 마찬가지다.

 속담을 보면 우리나라가 농경문화 속에서 수천 년간을 지내와서인지 농사나 천기에 관련된 속담이 많이 발견된다. '이팝꽃이 활짝 피면 풍년이 든다.' '벼농사는 물 탐을 하면 망친다.' '가을 들판에는 대부인 마님도 나선다.' '가을철에는 부지깽이도 한몫한다.' '변덕 부리기는 가을 날씨.' '벼는 농부 발소리를 듣고 자란다.' '가을 들판이 어설픈 친정집보다 낫다.' 이는 날씨가 순조로워야 하며 논의 물은 댈 때와 뺄 때를 아는 것은 물론, 가을철은 늘 바쁘고 날씨 변덕이 심하며 들판은 늘 풍성함을 이른다.

'밥은 봄같이 먹고, 국은 여름같이 먹고, 장은 가을같이 먹고, 술은 겨울같이 먹으렷다'라는 속담은 밥은 따뜻하게, 국은 뜨겁게, 장은 서늘하게, 술을 차게 먹으라는 지혜를 전해준다. 그러나 뭐니 뭐니 해도 속담은 인정세태를 꼬집는 말에서 묘미와 빛이 난다.

그중에서는 특별히 말조심을 시키는 속담에 눈길이 간다. '가는 말이 고와야 오는 말이 곱다.' '게 발도 동여매듯이 말도 동여매고 해라.' '지켜야 할 비밀은 관 뚜껑 덮을 때까지 가져가라.' '낮말은 새가 듣고 밤말은 쥐가 듣는다.' '발 없는 말이 천 리 간다.' '입을 삐뚤어져도 말을 바로 하라.' '말이 씨가 된다.' '웃자고 한 말이 살인낸다.' '자랑 끝에 불붙는다.' '아야 다르고 어야 다르다.' '말 한마디가 천 냥 빚 갚는다.' '가루는 칠수록 고와지고 말은 할수록 거칠어진다.' 등이 있다. 모두 한 번쯤 새겨들을 말이다.

그런 가운데서도 사람의 행동과 태도를 나타내는 속담은 대화를 나누는데 풍부함을 준다.

'도둑놈 개 꾸짖듯.' '벙어리 발등 앓은 소리.' '업은 애기 3년 찾는다.' '지렁이도 밟으면 꿈틀한다.' '사나운 개 코 아물 날 없다.' '벼룩도 낯짝이 있다.' '서푼 어치 밥 얻어먹고 치사가 백 번이라.' '가파치 내일모레.' '미꾸라지 한 마리가 온 웅덩이를 흐린다.'

'부처님 가운데 토막.' '물 장수 10년에 엉덩이 짓만 남았다.'

'활시위 당겨 콧물 닦기.' '분다 분다 하니까, 죽재 서 말을 분다.' '성안에서 뺨을 맞고 산모퉁이서 입 삐죽거린다.' '80에 죽어도 구들티에 죽었다고 한다.' '옆집 떡 치는 소리에 김칫국 마신다.' '장님도 눈멀었다고 하면 성을 낸다.' '상두 술로 벗 사귄다.' '가시나 못된 것이 과부 중매 선다.' '고쟁이 열 벌을 입어도 보일 건 다 보인다.' '꼬부장 자지가 제 발등에 오줌 눈다.' '길 터진 밭에 마소 안 들어갈까.' '열녀전 끼고 서방질한다.' '상추밭에 똥 싼 개 저 개 저 개 한다.' '남의 다리에 행전 친 격.' '썩은 나무에 돌쩌귀' 등등

대화하는데 풍류까지는 아니더라도 상황에 맞는 적절한 속담을 곁들이면 각박해진 세상에서 다소 윤활유 같은 분위기가 연출되지 않을까. 이즘의 대화법이라는 것이 하도 무미건조하고 온통 물신주의에 찌들어 말끝마다 돈과 결부시키니 눈살이 찌푸려져서 하는 말이다. (2022)

명화 감상

　티브이를 통해 영화 한 편을 시청했다. 전날 이웃 순천만 국가 정원에서 재즈 공연이 열리고 있어 구경한 김에 이곳저곳을 돌아다녔더니 피곤했다. 저녁 식사를 마치자마자 잠이 들어 깨어나니 저녁 열두 시를 막 넘어서고 있었다. 이때는 이미 잠이 날아가 버려 채널을 이리저리 돌렸다.
　어느 방송에서는 저녁 마감 뉴스를 하고 있고, 어느 방송에서는 전에 방영한 오락 프로를 재방송 하고 있었다. 그런 중에 모 방송에서 '명화 클리닉'이란 제목으로 '마부(馬夫)'를 방영했다.
　이 영화는 1960년대를 배경으로 한 서민적 리얼리즘이 돋보이는 명화이다. 시작한 지 얼마 안 됐는지 초반 부분이 방영되고 있었다. 보자마자 바로 시선이 꽂혔다. 그것은 아마도 일전에 내가 국가정원 내에 조성된 '김승옥 문학관'과 '정채봉 문학관'을 동시에 둘러본 여운이 남아서인지 몰랐다.

영화 마부는 시나리오가 리얼리즘에 바탕을 둔 것으로 서민의 애환을 잘 드러내 보여 주는 작품이다. 우선 배역으로 등장한 연기자들이 낯익은 배우들이어서 반가웠다. 수레 끄는 중노인으로 등장한 주인공 마부 김승호를 비롯해서 홀아비 주인공을 사랑하는 가정부 황정순. 고시생 아들 신영균과 벙어리 딸 조미령과 철부지 엄앵란. 그리고 주인공과 우호적인 황해. 부잣집 마름 김희갑. 거만한 부잣집 주인 주선태 등등.

다시 보는 것이지만 그중에서도 김승호의 연기는 돋보였다. 이 영화는 1961년 제11회 베를린 영화제에서 은곰상을 수상한 작품이기도 하다. 이 영화에서 주인공 김승호는 혼자서 7할 이상의 몫을 해낸다. 적지 않은 자식들이 딸렸는데도 돈벌이는 시원치 않다. 말수레를 끌고 생업전선에 나서는데 일상은 고단함으로 이어진다. 그때의 상황은 6·25가 휴전되고 얼마 되지 않은 때라 궁핍한 생활환경이 공감을 불러일으켰다. 몸으로 전해오는 실감은 주인공의 뛰어난 연기력이 뒷받침된 것임은 두말할 것이 없다.

검색해 보니 김승호는 향년 51세로 생을 마쳤다. 너무나 빨리 떠났다는 생각이 든다. 그러기는 아동문학가 정채봉도 마찬가지다. 나와 같이 1946년생인데 54세에 작고하고 말았다.

나는 특별히 이날 그의 문학관 입구에서 기념사진을 찍으며 감회에 젖어 들었다. 학창 시절 동년배로서 전남에서 문청 시절을 보내서였을까. 세 명이 교류했는데 김만옥과 정채봉 그리고 나였다. 우리는 학생교양지 〈학원〉지가 마련한 '우리네 동산'

코너에 작품을 투고하였다. 거기서 서로 안면을 텄다.

당시 김만옥은 시를 주로 쓰고 정채봉과 나는 산문을 주로 썼다. 두 친구는 한결같이 똥구멍이 찢어지게 가난했다. 나 또한 별반 다르지 않았지만 그래도 그들보다는 농토가 있어서 밥은 굶주리지 않았다.

김만옥은 완도 청산도가 고향으로 몹시 가난했다. 그리고 정채봉은 어릴 때 아버지가 일본으로 들어가 버려서 어머니와 어촌마을에서 어렵게 살았다.

두 사람은 일찍 세상을 떠났다. 김만옥은 30살 전후에서 일찍 결혼한 후 딸까지 낳았는데 생계를 이어가지 못해 스스로 목숨을 끊고 말았다. 정채봉은 그런 데로 아동문학으로 입지를 다지며 살았는데 한참 글을 쓰는 절정기에 죽음을 맞고 말았다.

문학관 입구에서 방문 사진을 남기자니 가슴이 뭉클했다. 학창 시절 공모전에서 당선한 표창장이 보이는데 나에게도 그런 것이 몇 개 있어 내 경력과 오버랩이 되었다.

옆에 있는 김승옥 문학관을 보면서도 감동했다. 그의 초기작이면서 대표작이라 할 수 있는 '무진기행(霧津紀行)은 그가 23세 때 쓴 작품이다. 한국문학을 통틀어 이 작품만큼 유려한 필치로 써낸 작품은 없다고 나는 평가한다. 그 작품을 불과 약관의 나이에 집필했다니. 그는 문학 천재가 아닐까 한다.

전시물을 보니 이미 10여 년에 은관문화훈장을 수상했는데, 나중 작고하면 금관문화훈장은 예약된 것이 아닐까 한다. 두 작가를 기리는 문학관의 위치가 절묘했다. 메인 국가정원에서 스카이튜브를 타고 갈대숲을 구경하는 코스 끝에 건물이 지어져 관광객이 자연스럽게 둘러볼 수 있도록 유도하고 있었다. 기획이 뛰어나다는 느낌을 받았다.

두 사람의 문학관을 둘러봐서인지 예술적 문예 작품이기도 한 마부는 감동을 주었다. 줄거리는 홀아비 중늙은이 마부는 어렵게 살아간다. 부잣집에서 말 한 필을 빌려 짐을 실어 나르는데 벌이는 시원치 않다. 그런데 식구는 네 명이나 된다. 두 번이나 고등고시에 떨어져 공부하는 큰아들, 출가한 벙어리 딸은 내침을 당하여 집에 와 있고, 철부지 딸은 난봉꾼에게 꼬여 지내다가 겨우 직장을 잡는다. 막내아들은 남의 물건을 훔치는 등 애만 태운다.

그런 중에도 남의 집 식모로 분한 황정순이 우호적인 감정을 가지고 물심양면으로 도와준다. 막판에는 주인집 자동차에 치여 다쳐, 일을 못 하게 되는데, 주인은 말을 팔겠다고 한다.

그 과정에서 고시생 아들은 시험을 치르고 나서 발표를 앞두고 아버지 대신 말을 부리는데 주인으로부터 심한 모욕을 당한다. 차에 치여 아버지가 다쳤는데 말까지 파는 건 너무한 처사가 아니냐고 따지니 '법 공부했다고 유세 떠냐.'며 교만을 부린다.

이것은 나중 황정순이 대신 돈을 대주어 말을 되사는 장면과 함께 관객들의 마음을 한껏 고조시킨다. 이어서 큰아들은 마침내 고시에 합격한다. 발표하는 날 이들은 서로 끌어안고 기쁨을 나눈다. 전형적인 해피엔드 작품이다. 나는 이것을 보면서 60여 년 전 이 영화를 보면 감동을 새삼 느꼈다. 당시 극장 안은 아들이 사법고시 합격한 장면이 나오자 우레와 같은 박수가 쏟아졌는데 그 생각이 떠올랐다.

그러면서 그 무렵 영화 '춘향전'에서 변 사또가 수청을 거부한 춘향이를 옥에 가두고 거하게 잔치를 열던 모습이 오버랩 되었다. 주흥이 물이 익어 갈 때 행색이 허름한 차림의 암행어사가 나타난다. 암행어사가 음식을 청하니 사또는 상갓집 개 홀대하듯 마지못해 초라한 술상을 내준다. 이때 암행어사는 목청을 높여서 시 한 수를 읊는다.

'金樽美酒千人血(금준미주천인혈)이요
玉盤佳肴萬姓膏(옥반가효만성고)라

(이하생략)
즉, 금술잔에 좋은 술은 천 백성의 피요.
옥쟁반에 담긴 기름진 안주는 만백성의 땀이라'

시를 읊자 분위기는 갑자기 얼음장처럼 싸늘하게 가라앉아 버린다. 이와 동시에,
"암행어사 출또야!"
외침에 장내는 박수갈채가 쏟아진다. 이것은 지극히 고전적인 기법이지만 그래도 어려운 환경 속에서 살아가는 관객들은 한껏 감정이입이 되어 마음껏 카타르시스를 느낀다. 영화 한 편을 보고 나니 새벽 두 시가 넘어서고 있었다. 나는 새벽잠을 놓쳤지

만 하나도 피곤하지가 않았다. 구태의연한 테마이기는 하지만 통쾌함을 선사해 주었다.

 모처럼 통쾌함에 젖어본 것은 하도 요즘 세상이 답답하고 불안한 기운이 엄습하고 있어 별로 웃을 일이 없는데 비록 영화 속에서나마 극적인 대반전이 일어나고 있어선지 몰랐다. (2024)

지금은 그 기차가 보이지 않는다

1960년 초기 한때 경전선 구간 순천과 광주 간에는 기차로선 할아버지 격인 〈프러〉 열차가 운행되고 있었다. 이 기차는 말로 치면 조랑말에 해당하여 여느 차에 비해 훨씬 작고 낡은 것이었다. 실제로 보아도 다른 기차는 기관차 몸통이 길고 큰 바퀴 세 개 이외에도 작은 보조 바퀴가 달렸는데 이것은 작은 몸통에다 큰 바퀴가 달랑 세 개만 연결되어 있었다.

이것은 고향 득량역을 일곱 시 반에 지나갔다. 그래서 학생들 간에는 이 차를 통학 열차라고 불렀다. 그 시각에 맞춰 타면 약 이십 분 나마 걸려 보성역에 도착하여 등교 시간이 알맞았다.

당시 보성중학교에 다닌 나는 봄에서부터 가을까지는 마을 뒷산인 풍치산을 도보로 넘어서 통학을 했지만, 겨울철에는 역에서 한 달 치 통학증을 끊어서 기차로 다녔다. 아침 등교 시는 그런대로 재를 넘어 다닐 만했지만, 하교 시는 금방 해가 넘어가 어둑해져서 도보로 통학하기가 불편해서였다.

사시사철 새벽밥을 먹고 나서기는 마찬가지였지만 겨울에는 신경을 써야 했다. 기차는 정해진 시간에 다니고 있어 속담에 '기차 떠난 뒤 손들기'라는 말이 있듯이 놓치기라도 하면 허망한 입장이 되어버리기 때문이다. 역까지 나가면서 조금이라도 해찰을 부리면 맨 처음 마주하는 교차로에 세워진 신호기가 고개를 숙이고 있을 때가 많았다.

그러면 이때는 삼백 미터 남짓한 거리를 뛰어가야 한다. 무거운 책가방을 들고 뛰노라면 금방 숨이 막혀왔다. 그래도 숨을 몰아쉬고 뛰면 밥을 먹은 지 얼마 되지 않아 명치끝이 아려왔다.

그 기차는 우리가 부르는 이름이 '통학차'지만 학생들만 이용하는 건 아니었다. 4, 50대 아주머니들이 함께 많이 이용했다. 이분들은 주로 기차 통로에다 꼬막 포대를 싣고 있었다. 그런 꼬막 포대가 어떨 때는 세 단까지 쌓였다. 그런 꼬막 포대에서는 비릿한 냄새가 났다. 간기를 충분히 빼고 싶어도 조금씩은 흘러내려 미끄덩거리기도 했다.

짐이 많이 실린 날은 바지 자락이 닿지 않도록 조심해야 했다. 잘못하여 자칫 스치기라도 하면 그 특유의 꼬막 냄새는 하루 내내 가시지 않았기 때문이다.

당시 득량역에는 급수대는 없었지만, 반드시 이곳에서 석탄을 화구에 집어넣었다. 화구를 열면 뜨거운 열기가 확 끼치는데 기관사들은 능숙한 솜씨로 그곳에다 석탄을 퍼 넣었다. 이때는 삽을 이용하는데 두 사람이 교대로 집어넣었다.

그때 보면 차장은 반드시 차에서 내려서 전후방을 살폈다. 안전사고를 미연에 방지하기 위해서도 그랬지만 혹시라도 승객이 뛰어오나 살피는 것 같았다. 붉은 기와 푸른 기를 들고 있다가 푸른 기를 흔들면 출발이다.

이 기차는 큰 바퀴 사이에서 유독 많은 증기를 내뿜었다. 아마도 기관이 낡아지다 보니 그런 것 같았다. 아니, 이 기차가 낡았다는 것을 기적 소리가 증명해 주었다. 여느 기차는 우렁차게 '뛰-' 하고 소리를 내는데, 목청이 갈라지는 가냘픈 소리를 냈다. 그것만 보아도 고물이 다 된 것을 금방 알 수 있었다.

이 기차는 한 번씩 곤욕을 치렀다. 여느 때는 문제를 일으키지 않고 곧잘 다니는데, 어떨 때는 서행을 하다가 미끄러지는 때도 있었다. 이것을 두고 사람들은 '도말'을 한다고 했다. 득량 지역이 끝나가는 지점에는 기러기재가 있다. 통상 그럭재라고 부르는 곳인데, 여기에는 오백 미터 가까운 터널이 뚫리어 있다.

그곳에 이르기 직전은 상당한 오르막 경사로가 펼쳐진다. 여기서 통학 열차는 단번에 오르지는 못하여 2, 30미터씩 미끄러지기 일쑤였다. 그러면 다시 석탄을 제겨 넣고 한동안 시커먼 연기를 피워 올린 다음 겨우 힘을 받아 올랐다.

그런 날은 자칫 창문 틈새라도 벌어진다면 승객들의 콧구멍은 시커먼 굴뚝 구멍이 되었다. 숨을 들이켜고 내쉴 때 검은 연기가 흡입된 까닭이었다.

나는 당시는 그런 열차를 타면서 출입구에 쌓인 꼬막이 어디로 실려 가는지 몰랐다. 그런데 연전에 직장에서 퇴임한 고향 친구와 문화탐방을 다니면서 정확한 사실을 알게 되었다. 자기 어머니가 새벽잠 설치고 꼬막을 싣고 나가 광주 남광주시장에서 팔고 돌아왔다는 것이다.

그런 꼬막은 상차 지점을 보지 않아 모르지만 아마도 벌교에서부터 싣기 시작하여 조성과 예당을 거쳐 최종적으로 득량역에서 마지막 짐을 싣지 않았을까 한다.

당시 차장은 그런 짐을 보고도 아무 말을 하지 않았다. 통상적으로 짐들이 계속 실려 나가서 그런 것 같았다. 기차 안의 학생들은 눈방울이 또렷또렷하지만 짐을 실은 아주머니들은 바로 곤한 잠에 빠져들었다. 먼길을 가자면 한참이 걸리기에 짬을 내어 부족한 잠을 보충하려는 것 같았다.

아주머니들의 얼굴빛은 밝지 못했다. 생활전선에 뛰어든 사람들 본연의 모습처럼 한편에서는 근심이 어리고 고단한 삶의 모습이 그대로 투영이 되었다.

친구 어머니는 그렇게 장사를 하여 8남매를 건사했다고 한다. 논밭 뙈기 하나 없이 온전히 노동으로 꼬막을 팔고, 꼬막이 나지 않을 때는 그릇 장수를 하여 생계를 이어갔단다. 그 이야기를 들으며 당시 내가 바짓가랑이에 닿지 않도록 꼬막 포대를 넘고, 무심히 바라보고 있을 때, 긴 나무 의자에 걸터앉아 졸고 있는 분 중에는 친구 어머니도 끼어 있지 않았을까 생각해 본다.

나중에 친구가 될 사람의 어머니인 줄 그때 알았다면 상냥하게 인사라도 건넸을 텐데 아쉬운 마음이었다. 그런데 그렇게 다니던 열차가 지금은 득량과 보성 간을 간헐적으로 운행한다. 그것도 득량역은 역무원이 주재하지 않는 상태로 변모하여 하나의 풍경으로 남아 있고, 다른 급행열차도 차량을 단출하게 한두 칸만 매달고 다니고 있다.

물론 당시 다니던 기차는 그때도 고물이었으니 진즉 퇴역을 했을 것이다. 그렇다면 그 열차는 지금 어디 있는 것일까. 부속품 일부는 해체되어 다른 용도로 처분이 되었다고 해도 본체는 남아 있을 텐데 어디에 보관이 되어 있을까. 무려 60여 년이라는 세월을 거슬러 회상을 해보는 것이지만 무척 궁금하다.

그때 보면 다른 기차 즉, '터우'나 '미카'는 큰 바퀴 이외에도 보조 바퀴가 있어서 오르막 기러기재를 문제없이 다니고 있었는데, 조랑말 같던 헉헉대던 기차는 어디에 있는 것일까.

통학생과 수산물을 파는 남도의 아주머니들과 함께 해온 '프로' 열차가 보고 싶다. 차제에 나는 지자체에 당부하고 싶다. 한때 물류의 거점이면서 지역 경제의 교통로 역할을 했던 이곳에 그 기차를 철도청과 교섭하여 역사 내에 전시해 놓으면 어떨까.

수년 전에는 철도청에서 득량역 역사를 '가볼 만한 명소'로 지정한 적이 있고, 군에서도 추억의 거리로 명명한 이상 그 열차를 가져다 놓으면 좋지 않을까. 옛 추억도 더듬어 볼 수 있고 꼭 그런 것이 아니더라도 한 번씩 방문한 관광객들에게 깊은 인상을 심어줄 것이 아닌가. 모처럼 오래전 추억을 더듬어보면서 소박한 생각을 해본다.

아무튼, 지금은 그 기차가 보이지 않는다. 아니, 다니지 않는다. (2024)

무릉도원

　무릉도원은 그저 지어낸 이야기 / 옛 전설 속의 이야기로만 여겼다

　그런데 현시의 세상 그것도 / 몽환적 별천지 장관을 보다니……

　순천 하고도 괴목 골짜기 소문 듣고 / 찾아간 그곳은 수수 만 평 복숭아밭

　분홍 천지의 세계가 황홀경에 빠지게 했다

　저런 곳에는 신선이나 살지 / 세속에 찌든 사람이 어찌 범접하랴 차를 타고 지나며 감탄했다

　내 생에 저런 구경거리는 다시 / 볼 수 없을 것 같아서 바라보며 감탄사만 연발했다

　내가 보기에 복숭아 고을 월등은 이름이 / 달리 월등이 아니라 보여주는 선경 자체가 월등이었다

위 무릉도원(武陵桃源)이라는 즉흥시는 내가 순천 승주 월등고을을 둘러보면서 읊조려 본 것이다. 아직 꽃이 피지 않을 때, 그리고 이미 꽃이 지고 난 이후, 수확을 마친 시기에 지나간 적은 있으나 정작 붉은 꽃술을 폭죽처럼 터뜨린 개화기에는 들르지 못했다.

그러다가 마침 사진작가로 활동하는 친구가 찍어 보낸 사진을 보고서 마음이 동했다. 때마침 이날은 국회의원 선거가 있는 임시 공휴일이라서 투표를 마치고 서둘렀다. 진즉 동부수필회원들과 선암사 문학기행을 예정한 터라 조금 코스를 조정했다. 이런 기회가 아니면 언제 그런 복사꽃 만발한 무릉도원을 구경하랴, 싶어서였다.

그리하여 마침내 들르게 된 월등고을 복숭아 단지. 산모퉁이를 굽이돌고 고개를 서너 개 넘으니 눈앞에 커다란 분지가 나타나는데 먼빛으로 연한 색채가 드러났다. 그것은 싱그러운 기운을 품고서 연무에 가려진 실루엣 상태로 비쳤다.

신비 속을 뚫고 봄바람과 더불어 다가가자 아련한 실체는 점점 선명해지면서 제모습을 드러냈다. 멀리서 볼 때는 그냥 한 덩어리로 보이던 것이 농장주들이 해놓은 구획정리에 따라 세분화하여 나타났다. 그렇지만 그것은 어디까지나 세속의 눈으로 볼 때 그러할 뿐, 전체적으로는 일매지게 한 모습을 하고 있었다. 하늘은 똑같이 일조량을 쏟아부어 한 빛깔, 한 모습으로 통일시켜 놓고 있었다.

차를 타고 좁다란 길을 지나자니 꽃이 만발한 복숭아밭은 앞에도 꽃, 뒤에도 꽃, 길 양편에도 온통 꽃 천지를 이루어 꽃 사태를 연출하고 있었다. 그 속에 파묻힌 기분을 무어라 표현할까.

나는 잠시 눈을 감고서 문득 중국 고사에 나오는 무릉도원을 떠올렸다. 한 어부가 산속에서 동굴을 발견하고 그 안을 들어가 보니 분홍빛 만발한 복숭아밭이 있었다는 그곳. 어부는 선경의 세상에서 사는 사람들과 어울려 선경에 취해 지내다 돌아왔다는 그곳. 그 장면을 상상하며 나도 지금 그런 구경을 하고 있지 않나 생각했다.

아니, 그런 상상을 하지 않더라도 복사꽃은 마법을 부리지 않는가 한다. 어딘가 모르게 묘한 신비감을 불러일으키기 때문이다. 이보다 조금 이른 시기에 꽃 대궐을 이룬 벚꽃도 보기에 무척 화려하지만, 그다지 신비롭지 않은데, 이것은 한없이 사람을 취하게 만들면서 몽환적인 분위기에 안기게 했다. 그러니 자연스레 흥분이 되면서 그리움과 기쁜 감정이 몸 깊이에서 솟아올랐다.

이런 곳에서 젊은 청춘 남녀가 만난다면 금방 친해지지 않을까. 아니, 젊음이 한참 지나 고목 등걸이 된 노인의 가슴에도 회춘의 마음이 들지 않을까. 나는 거의 무의식중에 입술을 움직여 시흥을 풀어냈다.

그간 내가 다녀본 중 인상에 깊이 박힌 장소의 기억이 몇 군데 있다. 첫 번째가 가을 녘이면 고향 뒷산에 피어난 산국화를 잊을 수가 없다. 한창 녹음이 짙어가는 시기에 풀밭에서는 여치가 합창을 하고 풀무치가 뛰노는 가운데 앞서서 다소곳이 얼굴을 내미는 것이 산국화이다.

그것이 지고 나면 미구에는 산국화가 피어나기 시작하는데 그것은 금방 온산을 차지하며 꽃 천지로 만들어 놓는다. 나는 그 전경을 잊지 못한다. 다음으로 언급할 것은 거문도 해변길이다. 절해고도에서 바닷바람을 맞고 피는 동백꽃은 유독 청초하다. 붉고도 향이 진한데 여느 지역 동백꽃보다도 농도가 짙다.

겨울철, 자연 친화적인 오솔길을 걷노라면 자연스레 바위 틈새를 돌고 돌아서 오르락내리락을 반복하게 되는데 그때마다 머리에 부딪히는 게 있었다. 바로 동백꽃이었다. 무언가 하고서 고개를 들어보면 해맑은 동백꽃이 눈앞에서 새색시처럼 수줍게 웃고 있었다. 그것을 본 이후로 특별한 감흥이 없었는데 이번에 다시 추억의 앨범 속에 이 복사꽃을 추가하여 간직할 것 같다.

왜 복사꽃이 마음을 흔든 것일까. 이유는 잘 모르겠다. 막연히 드는 생각은 화려하지도 단백 하지도 않은 분홍빛이 정감을 일으켜서 조화를 부리는 게 아닌가 한다. 흔히 분홍은 흥분, 정열, 그리움을 나타내고, 피를 끓게 하는 게 바로 도홧빛 때문일 것이다.

현대인들은 많은 것을 구경하나, 무엇을 가슴 깊이 간직하지 못한다. 여기저기서 화려한 것에 노출되다 보니 은근히 마음을 흔드는 멋은 모르고 산다. 그런 사람들에게 몽환적인 분위기를 알려주고 무릉도원을 연상하는 신비감을 전해주고 싶다. 한 번쯤 와서 구경하고 간다면 추억 이전에 마음이 한층 풍요로워지지 않을까.

  나는 월등 복사꽃을 보고 온 후 진즉에 와보지 못한 것을 후회했다. 이전에 먼저 와서 봤다면 내 문학도 좀 더 향내가 배어 나오게 쓰지 않았을까. 그것을 본 후로 나는 수밀도 복숭아가 다디단 이유는 본래 풍미를 느끼게 한 적당한 과즙에 복사꽃 특유의 몽환이 입혀진 것이 아닐까 생각해 보았다.

  그것을 보고 돌아온 후 나는 며칠간 눈에 어른거리는 복사꽃 환상에 빠져 벗어나지를 못하고 있다. (2024)

어떤 단서(端緒)

그동안 한 인물에 대해 궁금증을 가지고 있던 터에 그와의 관계를 눈곱만큼이라도 짐작하게 만드는 힌트 하나를 얻게 되었다. 그것은 어느 시인이 쓴 추도사가 계기가 되었다.

정운(丁芸) 이영도(李永道 1916~1976) 시인이 세상을 뜨자 발표한 것인데 거기에 청마(靑馬) 유치환(柳致環 1908~1967) 선생과 정운 시인 사이를 짐작게 하는 일화를 언급해 놓고 있었다.

청마 선생이 이영도 시인을 일방적으로 지독하게 그리워하고 사랑한 이야기는 많은 이들이 잘 알고 있다. 문단에서뿐 아니라 일반 대중에도 널리 퍼진 이야기이다. 그렇지만 나는 퍼져있는 이야기들은 알고 있지만 좀 더 나아가 그 관계가 어떠했는지를 늘 궁금하게 여겨왔다. 한데 우연히 하나의 단서(端緒)를 얻게 되었으니 눈이 반짝일 수밖에.

청마 선생이 끝 간 데 없이 짝사랑한 대목은 글 속 곳곳에서 나타난다. 시에서뿐만 아니라 수많은 서신에서 짙은 농도를 능히 짐작할 수가 있다. 그것을 표현해 놓은 대표적인 시로는 '행복'이 있다.

선생은 6·25전쟁 이전부터 눈을 감은 1967년 2월 13일까지 하루도 빠짐없이 정운 시인에게 편지를 썼다고 한다. 보내온 편지는 전쟁 중에 모두 불타 없어지고 이후에 쓴 수천 통이 고이 간직되었다.

'행복'이라는 시는 읽는 이의 가슴을 훈훈하게 만든다. '사랑하는 것은 사랑을 받느니 보다 행복하나니라.' 이렇게 이어지는 시다. 그리고 또 다른 시 '파도야 어쩌란 말이냐 /파도야 어쩌란 말이냐 / 임은 뭍같이 까닥 않는데 / 파도야 어쩌란 말이냐(이하생략)'로 이어지는 시도 사랑의 감정이 물씬 풍겨난다. 그렇지만 선생의 시 중에서는 '깃발'을 가장 으뜸을 쳐야 하지 않나 한다. 예전 교과서에도 실려서 많이 애송되기 때문이다. 그 시에서 나는 어느 것보다도 '저 해원(海原)을 향하여 흔드는'이라는 표현에 탄성을 질렀다.

두 사람의 사랑은 청마 선생의 일방적인 짝사랑으로 널리 알려졌다. 얼마나 지독한 짝사랑을 했는가는 1950년대 초에 두 사람이 통영여자중학교에서 청마 선생은 국어과 정운 선생은 가사과 교사로 봉직했는데 그때 이후 두 사람은 함께 근무하지 않았다. 청마 선생은 부산에서 교편을 잡고, 정운 선생은 마산에 살았다.

그때 청마 선생은 일요일이면 혼자서 버스를 타고 마산을 다녀왔다고 한다. 따로 만나자는 약속도 없이 그가 머문 땅을 돌아보는 것으로 만족했다. 무려 대여섯 시간 동안 흔들리는 버스를 타고 갔다가 다시 되돌아왔다.

혹시 만나서 차 한 잔은 나누지 않았을까. 그리 생각되는 것은 그동안 보내온 5,000여 통의 편지를 고이 간직한 것도 그렇고, 어느 분의 글에서 보듯이 갑자기 취한 행동을 보아서도 그러하다.

1960년대 초, 정운 선생은 전주에 와서 잠깐 머문 적이 있다고 한다. 어느 여관에 여장을 풀고 인근의 도시를 둘러보고 왔다고 한다. 그러던 어느날 지인이 하루 더 머물다 가라고 하는데도 떠났다는 것이다. 청마 선생이 빨리 오라고 채근을 했다는 것이다.

이로 미루어 보아 나중에는 상당히 가까운 사이로 발전을 했지 않았나 싶다. 이후 두 사람은 차례로 세상을 떠났다. 청마 향년 59세, 정운 나이 61세였다.

청마의 죽음에 대해서는 내가 특별히 기억하는 것이 있다. 1967년 2월 13일. 군 복무를 하면서 우연히 라디오에서 흘러나오는 뉴스를 들었다. 해가 지고 어두워지는 시각에 횡단보도를 건너다가 시내버스에 치였다는 것이었다.

시상이 떠올라 생각에 몰두하고 있었거나, 정운 시인을 생각하고 걷다가 일어난 참상인지도 모른다. 그리 생각되는 것은 횡단보도에서 주위를 잘 살피고 갔더라면 그런 비명횡사는 당하지 않았을 것으로 믿어지기 때문이다.

청마가 사망하자 이영도 시인은 책 한 권을 냈다. 서간문으로 청마가 그간 보내온 편지 중에서 200여 편을 추려서 뽑은 것이었다. 제목은 〈사랑했으므로 나는 행복하였네라〉. 이제는 세상에 내어놓아도 상관없다고 생각했을까.

　책은 발간 즉시 큰 화재를 불러일으켰다. 나는 그때 바로 책을 구입하여 읽었다. 잔잔한 감동이 따뜻하게 가슴을 데우고 콧등을 시큰하게 만들었다. 이런 일방적인 순애보가 있다니. 지극한 사랑 이야기로 흔히 로미오와 줄리엣을 이야기하지만, 그보다 더하면 더했지 못할 것이 없다.

　그 햇수만도 얼마인가. 20년을 훌쩍 넘게 매일 편지를 써서 우체통에 넣었다니 예사로운 정성인가.

　그런데 한편 생각하니, 지금과 같은 첨단을 걷는 세상에서는 그렇게 할 수 있을까 하는 생각도 든다. 바쁘게 사는 세상에 그리하기도 어렵지만, 용인도 되지 않는 측면이 있기 때문이다. 지금은 스토킹 범죄라고 하여 이런 일방적인 구애 작전은 법망의 테두리 안에 넣어놓은 것이다.

　그렇지만 옛날에는 전화가 원활한 것도 아니고 오직 편지가 소통 수단이었으니 마음을 전하는 방법으로는 그렇게밖에는 할 수 없었을 것이다. 오늘날, 통신 수단이 발달하여 카톡과 이메일이 자유로운 세상에서는 그야말로 호랑이 담배 피우던 시절의 이야기지만, 그때만 해도 그런 실정이었으니 이해를 할 수 있지 않을까.

　어느 누가 우연히 정운 선생을 추모하며 쓴 글이 눈에 띄어 흥미를 느끼고 두 사람 간의 가슴 따뜻한 교우의 정을 더듬어 본다. (2023)

일상을 살아가는 지혜

살아가면서 미리, 만에 하나 무엇을 철저히 대비하는 태도는 중요하지 않은가 한다. 그러한 일을 절실히 느끼고 깨닫게 한 일을 겪게 되었다. 엊그제 수필작가회 동인지 출판기념식이 있어서 상경하게 되었는데 돌아오는 고속버스 안에서 그만 난처한 상황에 직면하고 만 것이다.

갑자기 구토가 나와 황망한 일을 당하게 되었다. 그 전조는 승차하면서부터 조금은 낌새가 있었다. 더부룩한 뱃속이 메슥거리기 시작했다. 그 상태는 차가 달리기 시작하자 심해지더니 급기야는 멀미와 겹쳐서 참을 수가 없었다. 처음은 몸에 미열이 나더니 더워지면서 아마가 차가워지기 시작했다. 그러더니만 속에서 먹었던 음식물이 목으로 치밀어 올라왔다.

그걸 막아 내려고 급히 바지에서 손수건을 꺼내어 입을 틀어막았다. 한데도 제어가 되지 않았다. 어찌한담. 주위를 두리번거

렸지만 달리 대처할 도리가 없었다. 작은 손가방을 하나 지참하긴 했으나 그것으로 대처하기는 곤란했다. 해서 다급히 옆자리 앉아 졸고 있는 김 선생을 황급히 깨웠다.

"혹시 가지고 있는 비닐봉지 없어요? 토를 할 것 같네요."

그 말을 듣고 김 선생이 깜짝 놀라 눈을 떴다.

"아, 그래요."

하면서 기민하게 손을 움직이더니 얼른 메고 다니던 가방을 뒤져서 그 속에 접어놓은 비닐봉지를 꺼내 주었다. 미리 준비해 둔 모양이었다.

위기일발의 순간, 그것으로 1차 대처를 했다. 그렇게 고마울 수가 없었다. 처음에는 토사물이 조금 밖에 나오지 않았다. 한데, 그게 끝이 아니었다. 조금 있으니 메슥거리는 속은 더욱 심해지더니 이번에는 마스크를 벗을 사이도 없이 밀고 나온 것이 본격적으로 쏟아졌다. 그것을 얼른 여분의 봉지로 받아냈.

그 난감한 상황은 버스가 출발하고 나서 한 시간 남짓한 사이에 벌어졌다. 버스 안에서는 달리 조치할 방도가 없었다. 창문이라도 열리면 시원한 바람이라도 쐬면 좀 나을 것 같은데 차 유리창은 통유리로 되어 있어 열 수가 없었다. 거기다가 다음 휴게소는 앞으로도 한 시간여를 더 가야 하는 형편이었다.

실로 진퇴양난이었다. 그런 일이 일어난 건 앞서 순전히 입에 맞지 않는 음식을 먹은 때문이었다. 나는 근자에 들어서 고기를 거의 먹지 않는다. 철저히 채식 위주의 식사를 한다. 그런데 이 날은 하필 점심과 저녁을 연거푸 고기를 먹었었다. 먼저 먹은 점심은 친분이 있는 석계 선생과 관계가 있다.

애초에는 회장단 모임이 따로 있어서 그곳에서 점심을 먹게 되어 있었는데, 석계 선생에게서 전화가 걸려왔다. 예전에 모임이 있으면 늘 광주 회원들과 만났는데, 이번에는 나를 만나보고 싶다는 것이었다. 그러면서 식사를 할 장소를 알려주었다. 해서 동행한 세 분을 모시고 그곳으로 갔다.

선생은, 알려준 중국집 식당에 미리 와 계셨다. 단골집인 듯 주인에게 스스럼없이 대하면서 푸짐하게 음식을 시켰다. 그런데 그것은 하나같이 기름진 것들이었다. 비건을 실천하는 나로서는 난감한 일이었다. 그렇지만 대접하는 입장도 있기에 억지로 먹게 되었다.

그런데 그런 식사는 그것으로 끝나는 게 아니었다. 정식 행사를 마치고 안내된 식당 역시도 고깃집이었다. 야채불고기가 나왔는데 기름 범벅이었다. 할 수 없이 또다시 육 고기를 먹게 되었다.

그래 놓았으니 뱃속이 편했겠는가. 그것은 여지없이 체를 하게 만들고 배탈로 이어지고 말았다. 그런데 설상가상, 중도에 멀미까지 겹친 것이었다. 두 가지가 겹치니 달리 대책이 없었다. 전조는 속이 더부룩했고, 나중에는 식은땀이 나더니 멀미가 났다.

그런 상황을 맞아 차 안에서 김 선생의 기민한 대처로 위기를 넘기게 되었다. 나중 휴게소에 들려 찬 공기를 쐬며 심호흡을 하고 나니 속이 좀 가라앉았다.

당시 차 안에서 토를 한 생각을 하면 아찔하기만 하다. 만약 김 선생이 비닐봉지를 건네주지 않았다면 어찌할 뻔했을까. 큰 낭패를 당했을 것이다. 아마도 비닐봉지를 신속하게 건네주지 않았다면 버스 바닥에다가 그만 토사물을 흘리고 말았을 것이다. 다시 떠올리기도 싫은 아찔한 일이다.

그 일을 겪고 나서 느끼는 것이 많다. 세상을 살아가는 데는 평소에 준비성이 얼마나 중요한가를 새삼 깨닫게 된다. 생각해 보면 김 선생은 얼마나 준비성이 철저한 지혜로운 분인가. 나에게 상시 지참하고 다니던 위장약을 건네주고 예비용 마스크까지 건네주었다.

그런 지혜는 어디서 배웠을까. 물론 따님이 의사이고 사위 또한 의사이니 들은 바가 있었겠지만 놀라운 일이었다.

의사라면 그런 것은 당연할 것이다. 전에도 다른 의사분이 사람을 구한 일을 들은 바가 있다. 그분은 같이 글을 쓰는 분인데 모임에서 문밖에 쓰러진 회원을 응급조치하여 구해낸 것이다. 그리고 한의사인 아우도 아스타나 비행기 안에서 졸도한 사람을 침으로 살려냈다는 말을 들은 적이 있다.

하지만 김 선생은 의사가 아니지 않은가. 장거리 출타에 나서면서 준비하고 다니는 게 참으로 배울 점이 많은 것 같다. 나도 앞으로는 그리해야 할 것 같다. 반드시 주머니에 비닐봉지를 지참하고 마스크도 하나쯤 더 여유분을 가지고 다녀야 할 것 같다. 그러고 보면 나는 그동안 얼마나 허술한 자세로 세상을 살아왔는가. 말로는 꼼꼼한 체하고, 매사 불여튼튼을 외치지만 얼마나 준비성 없는 생활을 한 것인가. 이번 일을 계기로 반성을 하면서 그것을 절실하게 느끼게 된다.

생각해 보면 내 불찰이 크다. 나는 버스를 타면 더러 멀미하는데 그에 대한 대비를 전혀 하지 않은 것이다. 그런데 이날은 급체까지 하여 혼쭐이 난 것이다.

무엇을 고치지 못하는 버릇. 천성은 고치기가 어렵고 자기의 잘못은 자기가 알지 못한다는 말처럼 준비성이 없는 것이 곤혹을 치르게 한 것이다. 그것을 반성하면서 사람은 일생에 한 번 있을까 말까 한 일에 대비하는 것은 중요하다는 걸 새기게 된다. 생각할수록 기민한 대처로 낭패를 막아준 김 선생이 고맙고 또 고맙다. (2022)

석물(石物)

 그동안 마음 언저리에 남아 항상 명치끝이 답답하던 숙제를 해결하게 되었다. 돌아가신 부모님을 먼 곳에 모셔놓고 석물을 갖추지 못한 채 오랜 세월을 보냈다. 그런 데는 워낙 거리가 떨어져 있기도 했지만 살아가며 여유가 없어서였다. 마땅히 설치해야 한다고 생각은 하면서도 불가피 차일피일 미뤄왔다.
 그동안 나는 다른 이의 선산을 답사하며 비문을 지어주는 등 문사에 관여해 왔다. 그때마다 부러운 마음을 갖고서 석물을 마련하는 일을 언젠가는 해야 할 숙제로 인식하였다. 그간 내가 남의 문사에 관여한 일로는 선배가 자기 숙부의 공적비를 세운다기에 비문을 지어주고 당사자가 세상을 떠날 때도 비문을 써주었다.
 그 밖에도 아는 이의 산소를 답사한 곳은 한두 곳이 아니다. 최근에는 친하게 지내는 지인이 자기 부모님 산소에 동행해

줄 것을 청하여 기꺼이 따라나섰다. 가서 보니 누가 보아도 조성이 잘 되어 있고 관리도 잘 되어 있었다. 특별하게 느낀 것은 표창장을 석비에 새겨둔 것이었다. 그걸 보노라니 내 입에서 가벼운 신음이 나왔다.

'저런 상이라면 우리 어머니도 생전에 받으신 큰 상이 있는데.'

그 사실을 떠올리니 불현듯 그동안 나는 무엇을 하고 있었나, 하는 후회가 밀려왔다. 해서 얼른 폰을 꺼내 표창장 석비를 찍었다. 그러고는 아우에게 보내주며 '우리도 석물을 마련해야 하지 않겠냐'고 의견을 제시했다.

그랬더니 아우한테서 즉시 답변이 돌아왔다.

"형님, 우리도 당장 합시다. 제가 미처 그 생각을 못 했네요. 석물 값과 제반 대금은 제가 보내 드릴 테니 형님이 추진해 주세요." 이렇게 시원한 말이 돌아올 줄이야.

아우는 이역만리 낯설고 물선 카자흐스탄에서 의사면허를 받아 병원을 운영하고 있다. 최근에는 그 나라에서 국립병원 의사를 상대로 가르치는 교수 직함을 수여 받았다. 대체의학 전문인데 침술을 병행한다.

아우는 침술과 뜸, 식이요법으로 각종 암은 물론 성인병과 희귀병을 고친다. 그동안 놀라운 성과를 보여 명의로서 인정을 받고 있다.

"자네 혼자 너무 부담을 지는 건 아닌가?"

"아닙니다. 이 나라에 와서 깨끗한 돈을 벌어 부모님을 모시는 일인데 얼마나 영광된 일입니까."

그 말에 감격하고 말았다. 지인 모친의 표창장을 보고서 어머니를 떠올렸다는 건 다른 게 아니다. 어머니는 대종회에서 수여하는 '장한 어머니상'을 받으셨던 것이다. 그해가 2008년으로 봄에 상을 받으시고 가을에 돌아가셨다. 향년 94세였다.

어머니는 우리 집안의 기둥이셨다. 아버지가 일제 강점기 때 보국대에 끌려가 중병이 들어오신 후, 온전히 살림은 어머니 몫이었다. 어머니는 재봉틀 하나로 험한 세상을 헤쳐 오셨다. 옷을 지어주고 대신 놉을 얻고, 그 일력으로 농사를 지었다.

그래서인지 나는 지금도 어렸을 적 들은 그 재봉틀 소리가 귓가에 생생하다. 그것 말고 장난삼아 재봉틀 발톱에 손가락을 집어넣었다가 그만 따끔하게 바늘에 찍힌 기억도 간직하고 있다.

어머니는 재봉틀 하나로 사시면서 늘 배고프고 신산한 삶을 이어 오셨다. 그것을 마을 사람들이 모를 리 없고 문중 어른들이 기억하지 않을 리가 없는 것이다. 문중에서는 조양군상을 시제 때 수여하지만 해마다 시행하지는 않는다. 여러 해를 건너뛰기도 한다. 그리고 수여하는 상도 효자상이나 효부상이 대부분이고 장한 어머니상은 희귀하다. 오직 모친이 수상한 게 유일하다.

우리 조양임문은 고려 말 좌복야(좌정승)를 지낸 임세미 공이 시조이시다. 보성 조양 땅을 식읍으로 받아 내려와 살게 되면서 자연스레 본향이 조양이 되었다.

성씨 통계를 보면 조양임씨는 176위에 해당한다. 9,900여 가구에 인구는 3만 2천 명이다. 참고로 보성에 본을 둔 성씨로는 보성선씨와 보성오씨, 조양임씨가 있다. 모친이 대종회에서 '장한 어머니상'을 받은 건 집안의 영광이자 자랑이 아닐 수 없다. 석물을 준비하면서 함께 표창장을 세워놓게 되어 마음이 뿌듯하다.

이번에 석물을 준비하면서 후손들을 헤아려보니 부모님 후손이 적잖게 32명이다. 적은 숫자가 아니다. 세월이 흐르다 보니 자손은 그예 고손까지 이어오고 있다. 활동하는 자손을 꼽아보니 분야가 참으로 다양하다. 작가, 의사, 변호사, 감정평가사, 첼리스트, 교수, 화가, 기업체 지점장 등 다양한 면모들이다.

어머니께서 조양군상을 받은 내력을 짚어보면 나는 자식으로서 할 말이 없다. 고생시켜 드린 내력이 포함되어 있기 때문이다. 아내가 장기 와병에 들어 무려 22년을 누워 지냈다. 그러는 동안 병수발을 어머님이 많이 하셨다. 남편이 오랜 병석이 있던 것에 더하여 며느리가 쓰러지자 돌봐야 했으니 얼마나 불효를 저지른 것인가.

"이 어미도 이제 늙었어야. 많이 힘이 든다."

말씀하실 때마다 나는 이러지도 저러지도 못하고 그저 목이 멜 수밖에 없었다. 그렇게 힘들고 어려움을 겪는 속에서 받으신 상패를 꺼내어 비석에 새기려니 기쁜 마음이 넘치는 한편으로 가슴이 먹먹해지기도 하다.

석물을 준비하면서 부디 바람이면, 자손들이 어려운 가운데 가정을 지켜 오신 당신의 행적을 잊지 않고 오래도록 기억해 주었으면 좋겠다. 나는 차제에 특별히 아우의 국위 선양을 아뢰고 싶다. 당신이 돌아가실 무렵은 아직 아우의 공부가 끝나지 않아서 몹시 불안해하시고 걱정하며 돌아가셨는데, 이제는 낯선 외국에서 당당히 인정을 받고, 존경받으니 걱정하지 마시라고 전하고 싶다.

돌아보니 참으로 우여곡절이 많은 가족사였다. 늘 무언가가 부족하고 아쉬워서 애면글면하고 살아온 가족사가 아니었나 생각한다. 언젠가 여유가 생기면 상석만은 마련해 드리려고 했는데, 그날이 비로소 찾아와 마음이 떳떳하다. 나이를 먹다 보니 어느새 내가 집안의 최고참 어른이 되었다. 그런 마당에 미뤄 두었던 숙제를 마치니 홀가분하다. 이 석물 설치를 계기로 석비에 새겨진 글을 보며 후손들이 더욱 단합하고 화합하며 조상을 기리는 마음을 가져주었으면 한다. (2024)

바로 잡기의 어려움

　세상을 살면서 보면 신경 쓸 것도 많다. 무엇이 잘못되면 그만큼 시간 낭비도 되겠지만 정신적 고통도 겪게 된다. 한데 이것은 자기 잘못으로 인한 것도 있지만, 타인의 잘못으로 인하여 겪게 되는 고통도 있다.
　비유가 적절한지 모르지만, 우리 속담에는 '자기 칼이지만 남의 칼집에 들어가면 꺼내기가 어렵다'라는 말이 있다. 어디까지나 자기 것이지만 점유상태가 자기를 떠나있으면 찾아오기가 어렵다는 말이다. 눈에 보이는 것도 그러한데, 하물며 눈에 보이지 않거나 은밀한 것, 남의 손에 의해서 조작된 것은 난감한 일일 것이다.
　근자에 상황은 다르지만, 부동산 가격 폭등과 관련하여 전 정부에서 통계 숫자를 조작했다는 의심으로, 연일 시끄럽다. 2019년 기준으로 집값이 50%가 뛰었는데, 국토부 장관이 고작 11%

가 올랐을 뿐이라고 호도했다는 것이다. 이러한 잘못된 수치를 들어 당시 문재인 대통령은 집값만큼은 임기 내 확실하게 잡겠다고 공언했다는 것이다.

  감사를 진행할 것으로 보이는데, 그 결과가 어떻게 귀결될지 자못 궁금하다. 문득, 그 생각을 하다 보니 떠오른 것이 있다. 일선 행정의 잘못으로 한 가족이 고통을 받은 일이 생각난다.

  때는 1980년 초, 나는 집에서 멀리 떨어진 고을에서 직장생활 하고 있었는데 잠은 관사에서 자고 식사는 어느 가정집에서 하고 있었다. 얼마간 낯을 익힐 무렵, 주인아저씨가 내게 딸의 신상 문제를 문의해 왔다. 딸이 어떤 자의 일방적인 혼인신고로 인해 호적이 정리되어 선이 들어와도 결혼을 못 시키고 있다는 거였다. 전에 딸이 잠시 사귄 자가 있었는데 그가 일방적으로 혼인신고를 해버린 바람에 호적을 바로잡기가 어렵게 되었다는 것이었다.

  그 말을 듣고 하도 어이가 없어 내가,

  "그래, 그대로 내버려두고 있었단 말씀입니까?"

  하니 되돌아온 말이 갑갑하고 맥이 빠지는 것이었다.

  "어떡합니까. 힘도 없는데. 법원에 소송하는 수밖에 없다는데 가진 돈도 없고."

  그래서 말했다.

  "그래도 그대로 있다니요. 읍장님은 만나보셨어요?" 하니까,

  "자기가 할 수 있는 일이 없다고 하더군요." 했다.

  그 말에 나는 화가 끓어올랐다. 그렇지만 내가 직접 해결을 해

주지는 못했다. 나의 업무 소관도 아닐뿐더러 곧바로 장기 교육을 받으러 갔고 교육을 마치자 곧바로 다른 곳으로 발령이 났다.

이런 황당한 일이 있다니. 이것은 호적을 담당하는 직원의 불찰이었다. 당사자인 두 사람이 혼인서류에 서명한 것을 받아주어야 하는 데도 그렇지 않은 부실한 서류를 받아준 것이다. 이는 크게 책임을 물어야 할 사안이었다.

역사에 보면 이런 황당무계한 사건이 왕가에서도 일어난 일이 있다. 전례보다도 더한 것으로 소위 '종계변무(宗系辨誣)' 사건이다. 이 사건은 1394년(태종 3년)에 발생했다. 1390년(공양왕 2년) 이성계가 권력을 장악하자 정적인 윤이, 이호가 명나라로 도망가서 거짓을 고하였다. 이성계는 이인임의 후손이며 명나라를 치려 한다는 것이었다.

그 이야기를 듣고 명나라 조정에서는 태조실록인 '대명회전(大明會典)'에 그대로 실어버렸다. 이것은 1589년이 되기까지 200년 동안 바로 잡히지 않았다. 그동안 조선 조정에서는 수차례 사신을 보내어 고쳐달라고 요구했으나 들어주지 않았다. 마치 자기 칼이지만 남의 칼집에 들어가 있는 것과 같이 마음대로 할 수 없는 막막한 상황이었다.

이 사실은 그간 캄캄하게 모르고 있었는데, 밝혀진 계기가 있었다. 명나라에서 조선 연안민이 노략질을 한다고 압송을 요구하면서 다음과 같은 언급을 했던 것이었다.

내용에 '고려의 신하 이인임의 후손 성계'라고 적은 것이다. 이를 계기로 명에서는 이성계를 무시하고 조선을 복속까지 시키려고 했다. 더구나 이인임은 고려 우왕 때의 권신으로 이성계와는 정적이었으므로 왕실에서는 참을 수 없는 모욕이었다.

그런데 이것을 바로잡은 임금이 선조였다. 무능하기 짝이 없는 선조가 이이 등이 줄기차게 종계를 바로잡을 것을 주창했으나 마땅히 방법을 찾지 못하다가 일개 역관 홍순언이 묵은 숙원을 풀어낸 것이었다.

여기에는 흥미로운 일화가 전해온다. 어느 해 역관인 그가 명나라로 사신 길에 오르던 중 통주를 지나다가 안타까운 상황을 접했다. 부모를 병으로 잃고 가난하게 살다 유곽에 팔린 한 소녀를 만난 것이다. 딱한 사정을 듣고 가지고 있던 돈 300냥을 털어 부모님 장례를 치르도록 해주었다.

그 일이 있고 나서 몇 해가 흘렀다. 그는 다시 통신사로 명나라에 가게 되었다. 이번에는 큰 중책을 떠맡았다. 왕실의 숙원인 종계변무(宗系辨誣) 문제를 해결하고 오라는 어명이었다. 홍순언은 군권을 쥔 병부상서 석성(石星 1537~1599)을 찾아갔다. 문안을 드리는데 이때 부인이 다가왔다. 그녀는 바로 전에 자기기 지참한 돈을 몽땅 털어 장례를 치르게 한 바로 그 사람이었다. 석성의 후처가 되어 있었다.

홍순언은 부인의 적극적인 도움으로 지난한 숙제를 해결하게 되었다. 석성에게 장례를 치러준 자초지종을 이야기했다는 것이다. 석성은 그 후 몇 가지 실정으로 인해 처형을 당했다. 그렇지만 그의 아들 석담은 조선에 망명하여 수양군으로 봉해지고 해주 석 씨의 조상이 되었다.

이렇듯 한번 잘못된 일은 고치기가 지난한 일이다. 세월이 많이 흐른 지금, 궁금해지는 일이 있다. 그 밥집 따님의 신분은 어떻게 되었을까. 소송하는 수밖에 방법이 없다고 했는데, 그렇게라도 하여 바로잡았을까. 하나, 바로잡기는 했다고 해도 호적부상 신상기록에는 그 사실까지 기재되어 있을 것이니 개운하지는 못할 것이다.

그런저런 것을 생각하면 세상을 사는 동안 매사에 조심하면서 확인하고 또 확인하며 살아야 하지 않을까 한다. 운전도 나만 잘해서는 아니 되듯, 문제는 나 아닌 상대방으로 인하여 빚어지는 일이 비일비재하기 때문이다. (2022)

암(癌) 이야기

　지난 연말과 신년을 맞아 두 친구가 연이어 세상을 떠났다. 한 친구는 술을 좋아해 알코올중독으로 병원을 드나들더니 나중에 급성폐암이 발견되어 치료를 받다 사망하고, 다른 친구는 혈액암이 뇌에까지 전이되어 대형병원에서 항암치료를 받다 눈을 감았다.

　50여 년 전 고향 친구 7명이 청송회(靑松會)라는 이름으로 모여서 이제껏 함께한 회원들이다. 그런데 일 년 사이 두 명의 친구가 연이어 암 투병하다 세상을 떠나니 허무하기 짝이 없다. 그럭저럭 나이가 들어가니 당장 죽음이 찾아와도 이상할 게 없는 나이지만, 그래도 남자 평균수명이 팔십을 넘어서고 있는 것을 생각하면 애석하기 짝이 없다.

　이번에 세상을 떠난 친구는 오늘 아침에 눈을 감았다. 이 친구를 생각하면 작년에 있었던 일이 떠오른다. 등산하다가 다친 환부가 아물지 않아 병원에서 검사를 해보니 암이 발견되었다. 별다른 통증도 없었는데 병증은 상당히 진행된 상태였다.

그 말을 듣고서 나는 카자흐스탄에서 주로 자가면역 질환과 암 병을 치료하는 아우에게 사실을 알렸다. 그랬더니 다음과 같은 대답이 돌아왔다.

"형님, 진단이 그렇게 나왔다면 바로 항암치료나 방사선치료에 들어가지 말고, 자연식으로 치료하는 의사를 한번 찾아가 보라고 하세요."

그 말을 듣고 즉시 친구에게 전했다. 그랬더니 반응이 신통치 않은 것이었다. 그냥 병원에서 권하는 대로 하겠다고 말했다.

그래도 나는 예전부터 암 치료를 주로 하는 아우에게 들은 바가 있었으므로 다시 한 번 재고를 해보라고 이야기했으나, 부인으로부터 "나중에 잘못되면 책임지겠느냐?"는 황당한 말을 듣게 되었다.

그래서 이후로는 입을 꼭 다물어버리고, 그 대신 그동안 아우에게 들었던 이야기를 수필 형식으로 20여 편을 작성했다. 그리고는 그것을 격월간 교양 잡지인 〈그린에세이〉에 '임중심의 건강 상식'이라는 제목으로 연재를 하고 있다.

그러므로 그 글이 쓰인 것은 친구가 입원하던 시기와 거의 일치한다. 그러니까 친구는 항암치료를 시작한 지 정확히 10개월 만에 세상을 떠난 것이다. 안타깝기 짝이 없는 일이다.

안타깝다는 건 다른 것을 두고 하는 말이 아니다. 암은 잘못 손댐으로써 수명을 단축하는데 그로 인해 후유증으로 고생만

하다가 먼저 갔다는 생각이 들기 때문이다. 2009년 세계적인 학술지인 네이처지에는 '암은 건드리면 안 되고 관리만 해야 한다.'라는 요지의 글이 실렸다고 한다. 이는 그간 충분히 검증하여 내놓은 기사였다.

여기서 나는 아우의 견해도 있지만, 일본 의학계의 원로인 모리스타게이찌 박사가 국회 청문회에서 한 말을 인용하고자 한다. "암종은 도려낸다고 해서 없어지는 것이 아니다. 그런다고 혹의 원인이 되는 피의 오염이 없어지지 않기 때문이다."

그러면서, 암이 생겼다는 사실을 기꺼워해야 할 일이라는 것이다. 만약에 그것이 안 생겼다면 급전직하의 상황, 즉 패혈증(화농성 세균이 혈류 중 번식)으로 위험한 증상인 고열로 저세상으로 가게 될 것인데 암종의 덕분에 잠시 더 살도록 보장을 받은 것이라는 것이다.

피의 혼탁을 막기 위해 집행유예가 주어진 것이나 다름이 없단다. 그러기에 암종은 적신호이자 안전편이며 정화장치이자 구체주(救體主)라고 할 수 있다는 것이다.

그럼에도 불구하고 오늘날의 의학에서는 이 암종을 무찌르기 위해서 방사선으로 조사하고, 독한 항암제를 쓰고 있어 암이 고쳐지지 않는다는 것이다.

그리고 그는 이런 주장도 한다. 암종은 본질적으로 '선'한 것이라고 한다. 그 자체가 병이 아니고 병을 알려주는 신호에 불과하다는 것이다.

그러면서 역설적으로 말해서 암종은 암이 아니라는 것이다.

암이라는 정체는 피의 혼탁에서 오는 것이며 일종의 패혈증(敗血症)이란다. 그러므로 암을 낫게 하는 것은 피를 맑게 해 주면 된다고 한다.

이 견해는 아우의 주장과도 일치한다. 산속에 독버섯이 있는 것은 그게 나쁜 것이 아니라, 주위의 독성을 그것이 품고 있다는 것이다. 독성이 퍼지면 좋지 않기 때문에 독을 끌어다 안고 있다는 것이다. 이를 암종에 비유하면 그것 자체가 문제가 아니라고 한다. 오히려 그것은 선한 것이며, 암종이 그리함으로써 다른 부위로 퍼져나가는 것을 막고 있다는 것이다.

한편, 양방 치료와 대체의학적 치료에서는 사람을 보는 관점을 두고 성악설과 성선설이 존재하듯이 이 둘은 암을 악한 것으로 보느냐, 선한 것으로 보느냐로 크게 갈린다고 한다. 양방에서는 암을 제거해야 할 대상으로 여겨, 레이저로 지지고 독한 약을 써서 물리치려고 하지만, 대체의학의 관점은 그렇게 보지 않고 자동차의 계기판처럼 '몸에 이상이 왔다'라는 신호로 여겨, 근본적인 치료로 피를 맑게 하는 것에 중점을 둔다고 한다.

다시 말해 암은 피가 썩어서 오는 병으로, 몸으로 들어오는 음식은 육식을 피하고 신선한 야채와 비타민을 보충하는 것으로, 마음을 다스려서 미움과 분노 등을 내려놓고 긍정적인 생각, 평상심을 유지하며 사는 것이 처방의 하나라는 것이다.

50년 지기 두 친구를 암으로 연달아 떠나보내면서 인식의 전환이 필요함을 새삼 느낀다. 아우는 옛 성현의 말씀을 빌려 강조하고, 강조하고 또 거듭 강조한다. 패러다임에 갇혀 사는 각자도

생의 세상에서 살아남으려면 깨어나야 한다는 것이다. 불나방처럼 뻔히 죽을지 알면서 관행적으로 그리하니 계속 뛰어들 것인가, 아니면 다른 방법을 찾을 것인가.

그것은 각자의 몫이라는 것이다. 여기서 부처님이 은유적으로 설파하신 말씀을 언급하지 않을 수 없다.

"세상 사람들은 눈멀었고, 몇몇 사람만이 진리를 보네. 새가 그물을 피해 가듯이."(2023)

똥 이야기

사람과 똥은 떼래야 뗄 수 없는 관계이다. 모든 동물은 입으로 먹은 건 배설하는데 사람도 동물인 이상 과정을 따른다. 그런데 입으로 들어간 것이 원활할 수만은 없다. 부족하거나 부실해도 문제가 되고, 그것이 잘 소화가 되지 않고 장 속에 오래 머물러도 문제가 된다. 적당한 시차를 두고 잘 배출이 되어야 한다.

흔히 건강의 3원칙으로 쾌식(快食), 쾌면(快眠), 쾌변(快便)을 든다. 여기에서도 변(便) 문제는 빠지지 않는다. 그만큼 배설의 중요함을 보여준다. 물과 음식을 섭취하면 오줌과 똥으로 분리되어 배출된다. 그것을 일상으로 하고 있어서인지 속담에도 똥과 관련된 것이 많이 보인다. '똥 싼 주제에 매화 타령 한다.' '제 똥 구린 줄 모른다.' '똥 묻은 놈이 겨 묻은 놈을 나무란다.' '상추밭에 똥 싼 개가 저 개 저 개 한다.' '여물 많이 먹은 소, 똥 눌 때 알아본다.' 등이 그것이다.

달포 전에 '똥 방' 문제가 크게 방송 뉴스를 탔다. 어느 신축아파트 입주자가 방 안에서 고약한 냄새가 나서 천정을 뜯어보니 그곳에서 똥자루가 들어있었다. 그걸 보고 처음에는 어이없어 하다가 나중에는 누군가가 해코지를 한 것으로 여겼단다.

그런데 알고 보니 그게 아니었다. 외부로 드러나지 않은 문제가 있었다. 공사장 인부들이 먼 곳까지 용변을 보러 갈 수가 없어서 그렇게 한 것이었다. 문제가 되자 들통이 나게 됐는데, 이것은 건설현장에서 공공연히 벌어지는 일이라고 한다. 아파트를 지을 때는 작업 효율성을 높이기 위해서 불가피하게 중간쯤에 '똥 방'을 지정해 놓고 사용한다는 것이다.

그러니까 그 아파트 입주자는 운 없게도 하필 그런 아파트가 걸려든 것이다. 대개는 마무리 작업을 하면서 치우게 되는데 그 집은 뒤처리를 못 하고 그것을 천정에다 쑤셔 박아 놓은 것이다.

똥이 사람 몸에서 나오지만, 대단히 불결한 것으로 취급받는다. 문학작품에서도 보면 더러운 것, 저주, 해코지의 수단으로 묘사된다. 김지하의 시 〈똥 바다〉가 그렇고 양귀자의 단편 〈지하 생활자〉가 그러하다. 그리고 하근찬은 단편 〈분(糞)〉에서 부잣집 아들이 면장에게 뇌물을 써 징집에서 빠지고 가난한 제 아들이 군에 끌려가게 되자,

"문둥이 자식, 내일 출근하다가 저걸 물컹 밟아야 할 낀데…"

하고 분노를 표한다. 이렇듯 똥은 작품에서 약방의 감초처럼 등장한다.

똥을 소재로 하는 글은 200여 년 전의 소설인 박지원이 쓴 〈양

반전〉에도 등장한다. 북곽 선생이 줄행랑을 치다 그만 똥구덩이에 빠져서 엉금엉금 기어 나오자 호랑이가 가로막고서 힐난한다.

"선비는 깨끗하다더니 몸에서 구린내가 나고 꼴이 정말 더럽구나."

그 형상을 상상하면 웃음밖에 나오지 않는데, 그래도 그는 양반이라고 엎드려 있다가 지나가는 농부가 보고 "왜 그러고 있냐"고 하니 위선을 떤다.

"하늘이 높으니 감히 몸을 굽히지 않을 수가 없고, 땅이 두터우나 조심히 걷지 않을 수 없다."라고 한다. 그 꼬락서니에 그래도 입은 살아서 허세가 등등하다.

문학작품이 아닌 똥바가지의 백미는 다음의 사건이 아닌가 한다. 때는 1966년, 모 재벌의 자회사인 한국비료에서 건설자재를 가장해 일본에서 사카린 밀수를 했다. 그 분량이 무려 4kg 2천 포대나 되었다. 이 사건은 나중에 드러났고 국회에서도 큰 논란이 되었다. 그 가운데 세칭 장군의 아들인 김두환 의원이 국회로 보자기에 싼 두 개의 통을 들고 와 그것을 책상 위에 올려놓고 말했다.

"나는 항일투쟁, 반공 투쟁 경력을 가진 사람으로서 5·16 군사혁명을 일으킨 현 정권이 민주주의를 파괴하고 국민의 참정권을 박탈한 것까지는 용서할 수 있으나, 전 국민의 대다수를 빈곤으로 몰아넣고 몇 놈에게만 특혜조치를 준 것은 용서할 수 없습니다. 대통령이 여기에 나왔다면 한번 따지고 싶지만 그렇게 할 수 없으니 국무총리를 대통령 대리로 보고, 또한 부총리와 장관들은 몇 개월 동안 부정과 부패를 합리화한 피고로 보고 다루겠습니다."

그러고 나서 그는 "나는 배운 게 없어서 말을 잘할 줄 모르지만, 다른 사람이 할 줄 모르는 행동을 잘할 수 있습니다."라고 말한 후, 그 통을 들고서 국무위원석으로 갔다. 그러면서,

"이것은 재벌이 도둑질해 먹은 것을 합리화시켜 주는 내각을 규탄하는 국민의 사카린 올시다."라고 크게 외치면서 통 안에 들어있는 내용물을 흩뿌렸다. 그러고 나서 일갈했다.

"이것이나 처먹어 자식들아. 고루고루 좀 맛을 봐야지."

하면서 국무위원석에 앉은 정일권 국무총리, 장기영 경제기획원 장관을 비롯한 재무부 장관, 법무부 장관, 상공부 장관에게 무차별적으로 인분을 뿌렸다.

그 바람에 참석한 국무위원들은 아닌 밤중에 난데없이 인분을 뒤집어썼다. 이것은 아마도 헌정 사상, 유사 이래 가장 고위직에 치욕을 안긴 모욕적인 사건이 아닌가 한다. 그 사건을 떠올리면 씁쓸하지만, 그러나 그다운 결기로써 그만이 보여줄 수 있었던 행동이 아니었을까.

그 행동을 결코 찬성하거나 온당한 방법이라고는 생각하지 않지만, 한편으로는 생활고에 찌든 국민에게는 한 가닥 카타르시스를 느끼게 해준 일이 아니었나 생각한다. (2022)

우주(宇宙) 속의 나

우주 속의 작은 나를 생각하면 겸허해지면서 마음이 겸손해진다. 인간이란 그야말로 티끌만 한, 아니 그보다 훨씬 작은 미립자의 한 파편에 지나지 않는다는 생각을 할 때 더욱 그러한 생각이 든다. 그래서일까. 일찍이 누구는 "세상에 살면서도 세상을 모르겠고, 하늘 아래 살면서도 하늘 보기 어렵다"라고 했을까.

하늘은 광대무변(廣大無邊)하다. 눈에 보이는 은하수만 해도 비교적 최근에야 실상이 밝혀졌다. 갈릴레오에 의해 천체망원경이 발명되면서 베일이 벗겨졌다. 그 은하수 속에는 지름은 무려 10만 광년이나 걸리는 대형 별 무리가 존재한다. 그것들은 수십억 개의 별을 품고 있다.

그것을 밝혀내기 위해 미국은 주노를 쏘아 올렸다. 그것이 지금 화성을 지나 목성을 탐사 중인데 앞으로 미지의 세계를 얼마나 밝혀낼지 궁금하게 만든다. 그런 천체는 통 측정이 불가능하다. 그 태양계의 속에서 지구는 존재한다. 그것은 얼마나 왜소한 것인가. 나아가 한반도는 또 얼마나 미세한 것인가. 그 변두리 땅에서 와글와글 모여 사는 사람은 얼마나 작은 것인가.

또 다른 측면에서 바라보는 지구의 역사는 어떤가. 기존에는 지구의 나이를 45억 년으로 보았다. 그런데 과학이 발달하면서 연대는 1~2억 년이 더 올라가고 있다. 그 차이는 별것이 아닌 듯해도 알고 보면 엄청나다.

이 지구에 6천 6백만 년 전 백악기에 공룡이 살았다. 그런데, 그것은 어느 시기에 갑자기 사라져버렸다. 소행성 충돌로 인해 폭풍우가 태양을 가리는 바람에 빙하기가 닥쳤기 때문이다. 그 충돌이 얼마나 강력했는지 부딪친 소행성이 지각을 뚫고 들어와 40Km나 들어박혔다. 그 흔적이 공룡 화석과 함께 발견된다.

이러한 역사의 깊이가 있기 때문일까. 인간은 일찍이 장대한 과장법을 개발해 냈다. 그런 사람 중 한 사람이 장자이다. '鵬程萬里(붕정만리)라는 말은 만들어낸 장본인인데 그의 말에 따르면 북쪽 바다에 물고기가 있는데 이름은 곤(鯤)이다. 길이는 몇천 리에 이르는데 그 곤이 변하면 붕(鵬)이 되는데 이 붕의 등은 몇천 리가 되는지 모른다고 한다. 이것이 힘차게 날아오르면 날개가 하늘의 구름을 타고 9만 리를 날아 남쪽에 이른다고 한다. 얼마나 과장된 말인가.

그게 지나친 과장이라면 인연의 귀함을 나타내는 말에는 겁(劫)이라는 게 있다. 이것도 이만저만한 과장이 아니다. 그 기간이, 천년에 한 방울씩 떨어지는 낙숫물이 집채만 한 바위를 없애거나, 하늘에서 내려온 선녀가 비단옷을 입고 사방 석 자(尺)의 바위에서 춤을 추어 닳아 없애는 동안이라는 표현이다.

이것은 사람의 인연으로 연결되어 흔히 말하길, 우리가 살면서 옷깃 한번 스치는 인연은 500 겁의 인연이 있어야 하고, 2천 겁의 인연을 쌓아야 하루의 동행을 한다고 한다. 그리고 살을 맞대고 사는 인연은 6천 겁의 인연이 있어야 한다고 한다. 그리되기까지를 가늠해 보면 얼마나 장구한 인연이 쌓여야 하는가를 짐작할 수 있다.

보통 눈 한번 깜짝할 사이를 찰나(刹那)이고, 손가락 하나 튕기는 시간은 탄지(彈指)이며, 숨 한번 쉬는 시간은 순식간(瞬息間)이다.

한데 이 짧은 순간. 한데 우리의 삶이 그렇지 않은가 한다. 엊그제 보니 공원의 목련 나무가 이파리 하나 매달지 않은 채 나목(裸木)으로 서 있었다. 늦가을만 해도 몇 잎의 이파리가 매달려 있었다. 그런데 두어 달 사이에 그것은 다 떨어지고 불어오는 찬 바람에 마냥 맨몸을 내맡기고 있었다.

그걸 보면서 한때의 안타까움을 안고 지켜보면서 안타까움을 느꼈다. 그때는 서너 개의 이파리가 마지막까지 남아서 그것이 하나씩 떨어질 때마다 가슴 졸였는데 그것이 아무것도 아니다. 순서가 없이 모두 떨어지고 나니 그것은 누가 먼저랄 것도 없이 똑같았다.

한 달 전 아내를 저세상으로 떠나보냈다. 부부로 만나 한날한

시에 같이 떠날 수는 없는 노릇이지만 상실의 아픔은 자못 크게 밀려왔다. 순서로 보면 내가 한 살이라도 더 많으니 내가 떠난 것을 아내가 봐줘야 하는데 자리를 바꾸어 영별을 하니 기가 막혔다.

그러나 이내 생각을 바꾸기로 했다. 우주의 원대한 시계로 보면 조금 더 사는 것이 무슨 의미가 있는 것인가. 한날한시에 세상을 떠난 것이나 진배없는 것이 아닌가. 몇 년은 거의 맞닿아 있는 시간일 뿐인 것이다.

요즈음 혼자서 해보는 생각이 있다. 나중에 죽어서 만나자는 것도, 천당이고 하늘나라로 간다는 것도 다 부질없는 염원이 아닌가 싶다. 텅 빈 우주는 광활하고 그곳에서 혼은 비산하여 흩어지는데 무엇이 남아서 인연을 짓고 이어갈 것인가.

창밖을 바라보니 겨울바람이 몰아진다. 경로당 앞에 서 있는 태극기가 혼절하듯 펄럭인다. 그것을 보니 살아있는 존재란 한순간에 깃 폭을 흔들고 지나는 바람결이 아닌가 하는 생각도 든다.

새삼 유한한 인생을 생각해 본다. 그러면서 사람들은 왜 욕심을 부리는 것일까를 생각한다. 백 년도 살지 못하면서 왜 천년을 살 듯이 허둥대는 것인지, 죽으면 하나같이 아무것도 없는 무(無)로 돌아가는 것을 붙들고 놓지 않으려 하는지 생각해 본다.

돌아보면 이전 사람들도 이미 죽었고, 지금 사는 사람도 죽을 것이며, 앞으로 태어날 사람도 똑같은, 그런 전철을 밟을 것이다. 그러면서 이전 사람들이 했던 것처럼 '그때는 그러하지 말걸' 하고 후회를 할 것이다.

고전이 전하는 말 중에서 나는 장자의 어떤 말을 귀하게 받아들인다. 그것은 바로 '知足不辱 知止不殆(지족불욕 지지불태)'라는 말이다. 만족할 줄 알면 부끄럼을 당하지 않고 적당할 때 그치면 위태롭지 않다는 뜻이다. 살아가면서 가슴에 담아둘 지혜의 말이 아닐까 한다.

거기다가 나는 하나를 더 보태고 싶다. 그것은 말조심하는 것이다. 좋은 말은 상관이 없겠지만 흉이 되는 말, 남의 인격을 손상시키는 말은 조심할 필요가 있다고 생각한다. '당신만 알라'고 하는 것은 모두가 알라고 발설하는 말로 경계하며 조심할 일이다.

그래야 하는 이유는 그 말이 결국은 자기에게 그것도 후환으로 돌아오기 때문이다. 이것은 실은 나 자신에게 하는 주문이다. 말로 입은 상처는 불에 덴 상처보다도 더 오래간다고 했다. 세상 살기는 혼자인 듯해도 혼자가 아니다. 보이지는 않지만 누군가와 연결되어 있고 영향을 주고받는다. 그것을 의식하면서 다짐을 해본다. 필연코 언젠가는 끝나는 생의 유종의 미를 위해서. (2024)

야생동물의 횡포

1년여 만에 부모님 산소를 찾았다가 황당한 일을 겪었다. 사는 곳에서 거리가 멀어 일 년이면 한두 번 찾아뵙는데 금년에는 한 해가 저물도록 나서지 못하다가 뒤늦게야 들른 길이었다. 작년에 허물어진 봉분을 새로 고쳐 지은지라 다소 가벼운 마음으로 찾았다.

그런데 "아뿔싸!" 이럴 수가 있는가. 선친묘소는 그런대로 떼가 살아있는데, 모친 묘소는 엉망이 되어 있었다. 새로 덮어놓은 떼는 거의 죽어 있을 뿐 아니라 봉분도 어지럽게 파헤쳐져 있었다. 한눈에 보아도 멧돼지 소행이 분명했다.

그러잖아도 자주 녀석들이 출몰해 봉분을 훼손해 놓아 보수를 한 후, 비장의 조치까지 강구해 놓았는데 그것을 비웃기라도 하듯 발칙하게 파헤쳐 놓았으니 기막히고 황당하기만 했다.

조치했다는 건 다른 게 아니다. 누구의 말을 들으니 훼손을 방지하기 위해서는 크레솔 용액을 산소 주변에 놓아두면 효과가 있다고 해서 그리해 놓았다.

한데 웬걸, 그것까지 뽑아놓았다. 그런 일을 보면서 드는 생각은 퇴치에 탁월한 효과가 있다고 알려진 호랑이 똥을 구했으면 하는데 그게 어디 쉽게 구할 수 있는 일인가. 해서 마음만 답답할 뿐이다.

그리 만들어 놓은 건 산소가 양지바른 곳에 있다 보니 녀석들이 어디서 먹이를 먹고 나서 이곳에서 뒹굴며 쉬었던 것 같다. 흔적을 보노라니 한두 마리의 소행으로 보이지 않는다. 적어도 한 무리가 지속적으로 머문 것 같다.

내가 황망하여 망연자실해 있으니 동행한 조카가 입을 뗀다. 나중에 자기가 그물을 사서 접근을 못 하도록 둘러치겠다고 한다. 그 말을 들으니 다소 안심은 되는데 그게 과연 방책이 될지는 의문이다.

요즘 보면 유해 동물로 인한 피해가 심각한 것 같다. 산골 마을은 어디나 멧돼지와 고라니가 농작물을 망쳐놓고, 까치나 까마귀, 물까치들은 과수 농사에 피해를 준다.

엊그제는 텔레비전을 통해서 본 광경이다. 영광군 안마도를 집중 조명하는데 그곳에 사는 꽃사슴 떼가 심각하게 산을 망쳐놓고 있었다. 나무란 나무는 죄다 껍질을 벗겨놓고, 풀은 모두 파헤쳐서 부스럼이 난 사람의 머리 형상을 해놓고 있었다. 거기다가 밤이 되면 마을 가까이 내려와 농작물을 먹어치우고 있었.

이런 건 10여 년 전 누가 녹용을 얻기 위해 산에 몇 마리를 방목한 것이 시초라고 한다. 그 개체수가 늘어나 지금은 천여 마리에 이른다고 한다. 이놈들은 차츰 활동 지역을 넓혀 헤엄을 쳐서 인근 섬까지도 건너다닌다고 한다.

섬 주민들은 골머리를 앓고 있었다. 고구마와 고추, 마늘과 깨를 닥치는 대로 먹어치워 넌더리를 내고 있었다. 밤만 되면 야경단을 조직하여 순찰하였지만 별로 효과가 없다고 한다. 겨우 마을로 내려오지 못하게 하는데, 그치고 있다는 것이다.

주민들은 피해를 막기 위해 주인을 찾아서 포기각서를 받았다. 그러나 할 수 있는 것은 그것밖에 없었다. 군청에 찾아가 퇴치를 호소했으나 시원한 답을 얻어낼 수 없었단다. 자기들도 달리 어떻게 해줄 방법이 없다고 난감해하더란다.

가축은 농수산식품부에서 관장하고 야생동물은 환경부 소관인데 부처 간 서로 떠밀고 있다는 것이다. 농수산부에서는 사슴은 가축이지만 이미 야생생태에 놓여있으니 환경부 소관이라고 하고, 환경부에서는 사슴이 가축이니 농수산부에서 해결해야 한다고 발뺌을 한다는 것이다.

문제는 '야생동물 보호법'이 발목을 잡은 것 같다. 법규상 함부로 잡아 죽일 수가 없으니 이러지도 저러지도 못하는 형편인 것이다. 빠른 법 개정이 요구된다.

법은 실생활에 도움이 되어야 한다. 옛날에는 야생동물의 씨가 말라가니 환경보호 차원에서 포획을 막는 강력한 법이 필요했지만, 지금은 상황이 달라졌다. 멧돼지, 고라니, 사슴을 비롯한 덩치 큰 산짐승들이 넘쳐나고, 조류 중에서는 까치나 까마귀

물까치들이 기하급수적으로 늘어났다. 이것들이 끼치는 피해는 가늠하기조차 어렵다.

그중에서도 멧돼지로 인한 피해는 아주 심각하다. 작물을 헤치는 데에 그치지 않고 분묘를 훼손하며 사람을 공격한다. 그래서 낯선 산길은 홀로 걷기도 조심스럽다. 이런 지경이고 보면 개체수를 조절하는 것이 급선무가 아닌가 싶다.

들리는 말로는 이밖에도 야생에 방목한 염소의 피해도 심각하다고 한다. 농가 소득을 올리고자 풀어놓은 흑염소들이 섬이란 섬은 대부분 차지하고 있는데 이것들은 식욕이 왕성하여 못 먹는 것이 없다고 한다. 나무껍질은 죄다 벗겨 먹고 풀은 포기째 파먹으며 번식력까지 왕성해졌다고 한다.

그 때문에 이것들이 점령한 섬은 성한 나무가 없고 풀도 자라지 않아 비가 오면 산사태가 나고 그로 인해 식수원까지 고갈시키고 있다고 한다.

이런 지경이고 보면 부처 간 서로 네 탓 공방만 할 일은 아닌 것 같다. 사실 전에는 그런 얘기를 들어도 그런가 보다 했다. 그런데 현장에서 직접 부모님 산소가 훼손된 것을 보니 그 심각성이 깊이 느껴진다.

무엇이든지 지나치면 문제가 발생한다. 처음에는 귀해져서 보호가 필요했지만, 지금은 인내할 수준을 이미 넘어서고 있지 않나 한다. 그런 만큼 정부에서는 하세월 부처 간 자율에 맡길 것이 아니라 최상층부에서 문제의 심각성을 깨달아 지휘 감독하여 해결책을 마련해야 할 것 같다.

무엇보다도 개인적으로는 시급한 것이 멧돼지의 퇴치이다. 기하급수적으로 번식하여 피해를 주는데, 피해를 줄이는 것이 시급하다. 우선으로 그물을 쳐서 효과가 있으면 싶은데 과연 기대해도 될지는 의문이다. 그렇더라도 현시점에서는 뾰족한 수단이 없으니 그물을 치는 것으로 효과가 있기를 기대할 뿐이다.
(2023)

헛물켜다

모든 생명을 가진 것들의 궁극적 목적은 후대에 온전히 자기 유전자(DNA)를 전하는 것이다. 사는 동안은 안전과 번성을 꾀하며 오래 살기를 바라지만 최종적인 목적은 그걸 지키는 것으로 규율된다.

그것을 실감한 적이 있다. 이십 수년 전, 무등산을 오르다가 중턱에서 유난히 솔방울을 많이 매달고 있는 소나무를 만났다. 일행 중에서 누가 말했다.

"이제 생명이 다되어 가나 보네."

그 말을 듣고 내가 물었다.

"왜요?"

"마지막은 솔방울을 많이 남겨요. 종족보존을 하려고."

그 말에 '아하' 하고 감탄을 했다. 바로 그 행위가 이해가 되어서였다. 그 행위를 사람에게 대입해 보면 확연해진다. 사람이 생을 다한 임종 시에는 자기의 사후처리보다는 자손들을 더 걱정한다고 한다. 구체적인 통계자료는 없지만, 대부분이 그렇다고 한다.

평소에 그것을 느끼던 참인데 엊그제는 지인이 쓴 '접붙이기'에 관한 글을 읽게 되었다. 그걸 보니 퍼뜩 떠오르는 어휘가 있었다. '헛물켜다'라는 말이었다. 헛물켠다는 말은 이루어지지 않는 일을 꼭 될 것으로 생각하여 헛되이 노력한다는 뜻이다.

그런데 접을 붙이기 위해 몸통이 잘린 대목(臺木)이 마치 그런 처지가 아닌가 싶었다. 대목은 슬픈 존재다. 살아있기는 하나 존중받지 못한다. 대부분은 외면당하거나 남을 돕는 부속물로 쓰인다.

그러니 그 처지가 딱하고 가련하다. 그런 것으로 고욤나무와 돌배나무, 개복숭아와 개살구가 있다. 한결같이 열매가 보잘것없는 게 특징이다.

그럼에도 불구하고 이것들이 대목으로 선택되는 건 순전히 생명력이 강해 거친 땅에도 잘 자라기 때문이다. 한데 이 대목들은 몸통이 잘려있으면서도 본성은 살아있어 용을 쓰며 가지에다 영양분을 계속 공급한다.

그걸 보면 자기 몸이 잘려나간 지를 모르고 있는 것 같다. 그렇지 않고서야 어찌 그런 수고를 지속할 것인가. 자기 가지가 잘 뻗어서 온전히 유전자가 전해지기를 바라는 것 같다.

한데 사실은 몸통이 예리한 칼날에 잘려 있다. 대목은 자기 형질이 차단되어 버린 것을 어떻게 받아들일까. 차라리 그런 줄도 모르는 편이 나을지 모르겠다. 그런 처지에서 대목은 평소 하던 대로 계속해서 물과 양분을 열심히 빨아들여 위로 올려보내는 일을 하는 것이다.

얼마나 안타까운 일인가. 전생에 무슨 남을 업어 키울 운명을 타고난 것도 아니면서 자기 존재를 드러내 보이지도 못하는 기구한 운명.

그런데, 자기 유전자를 전하지 못하는 건 동물 중에도 있다. 바로 시정마가 그러하다. 시정마는 씨수말이 교배로 들어가기 전 암말이 씨수말을 쉽게 받아들이도록 준비시키는 데에 이용된다. 말하자면 들러리인데 철저히 기망 당한다. 서글픈 운명이다.

그것은 오직 다른 씨수말보다 유전자가 열등하다는 이유로 그런 푸대접을 받는다. 물론 교미 다운 교미도 못 한다. 아예 처음부터 긴 앞치마로 낭심과 가슴을 감싸 놓아서 삽입을 못 하게 되어 있다. 그러니 암말에게 올라타 용두질해 보지만 헛수고일 뿐이다.

흥분하여 정액이 상대에게 사출되지 못하니 고스란히 앞치마에 쏟아져 버린다. 보기에 매우 비윤리적으로 비치는 이 행위는 오직 종마(種馬)를 위한 것일 뿐이다.

그러는 데는 오직 종마를 보호하기 위한 것이다. 혈통 좋은 종마가 교미 시에 암말에게 차이는 것을 미연에 방지하기 위해 잠깐의 대역을 등장시킨 것이다.

그것도 모르는 시정마는 온갖 환심을 사려고 기분을 맞춰가며 흥분을 시키나 끝내 자기 유전자는 전달하지 못한다. 슬프고도 애달픈 운명이다. 이는 철저히 계산된 행위이다. 더 우수한 외모와 체형, 운동능력이 뛰어난 마필을 얻기 위해서 그런 짓을 한다. 그리고 식물도 더욱더 좋은 품질의 과수를 얻기 위해서 그리한다.

그런데 생각하면, 그런 행위는 윤리적인 측면뿐 아니라, 조물주의 의도에도 지극히 반하는 것이다. 조물주는 어디까지나 세상에 생명 있는 것들을 낼 때, 큰 거나 작거나, 우수하거나 열등 하나를 가리지 않고 내놓았기 때문이다.

한데 품종을 개량한다는 이유로, 좋은 수확을 기대하기 위해 마음대로 변칙을 가하니 문제가 아닌가 한다. 세상 것들의 다채로운 모습은 얼마나 아름다운 것인가. 숲은 단일한 것으로 이루어져 있지 않다. 여러 가지가 어울려서 건강한 생태계를 이룬다.

나는 이것들을 떠올리면서 생각을 해본다. 영농인이나 종마를 키우는 입장에서는 무엇보다도 먼저 경제성을 따지지 않을 수 없겠지만, 관행대로 하는 것을 좀 지양했으면 한다.

세상에 나와 있는 것 중에는 못난 것은 못난 대로, 부족한 것은 부족한 대로 존재 가치가 있지 않은가. 지인의 접붙이기 글을 읽으면서 문득 '헛물켜다'라는 어휘를 떠올리며 이러저러한 생각을 해본다. (2023)

공룡 유적지를 둘러보며

　일전에 경남 고성에 있는 공룡 발자국 유적지를 답사하며 문득 김소월의 시 〈부모〉를 생각했다. 거기에 보면 "나는 어쩌면 생겨 나와 이 이야기 듣는가"라는 시구가 있는데, 눈앞에 펼쳐진 수억 년 전의 공룡 발자국이 많은 생각을 떠올리게 했다.
　시인은 그 시에서 세상에 태어나 어머니가 들려주는 옛이야기를 들으며 신기해하지만 나는 눈앞에 펼쳐진 수많은 공룡 발자국을 보고서도 도무지 믿기지 않아서 놀라기만 했다.
　나는 바닷가로 내려서기 전 먼저 산 정상에 조성해 놓은 공룡 박물관부터 구경했다. 거기에는 입구에서부터 호기심을 자극하기 위해 공룡 발자국을 탁본해서 배열해 두고 있었다. 이끄는 데로 전시관에 도착하니 집채만 한 크기의 초식공룡 아르겐티노사우루스 형상이 먼저 안내를 했다. 그 크기에 대번에 압도당했다. 이렇게 큰 생명체가 있었단 말인가.

목이 어찌나 긴지 터놓은 2층 공간까지 뻗어 나와 있었다. 공룡은 우선 풀을 먹는 초식류와 동물을 잡아먹는 육식동물로 나누는데 그 종류만도 228종에 이른단다.

이것들은 2억 3천만 년에서 6천 5백만 년 전까지 활동했는데 그 시기는 쥐라기에서 백악기에 걸친 시기라고 한다. 말이 2억 3천만 년이지 얼마나 까마득한 것인가. 그것도 1억 5천만 년 동안 지구에서 터전 삼아 살아왔다니 놀랍기만 하다. 그에 비해 인류는 형태를 갖추고 존재하기나 했던 것일까.

지금으로부터 불과 100여 년 전, 화가 폴 고갱은 1887년 대표작이면서 문제작인 대작 한 점을 남겼다. 제목 〈우리는 어디서 와서 어디로 가는가〉이었다. 그는 마지막 자살을 결심하면서 유언으로 그 그림을 그렸는데, 한 달간 밤낮으로 강행군을 했다고 한다.

그가 이 그림을 남겼을 때 인류 중에 그 대답을 내놓은 사람은 없었다. 그렇지만 오늘날에 와서는 현대 과학의 힘으로 그 해답을 밝혀냈다.

그 사람은 바로 미국의 물리학자 한스 베테라. 그는 1938년 별 내부에서 수소가 헬륨으로 변화하는 핵융합 과정에서 별의 에너지가 나온다는 사실을 최초로 규명하였다. 그 업적으로 그는 나중에 노벨물리학상을 수상했다.

그 이전 인류는 수천 년 동안 밤하늘의 별이 반짝이는 이유를 알지 못했다. 그런데 비로소 "어디에서 왔는가"를 알게 된 것이다. 그 근원이 밤하늘에 반짝이는 별이라는 것을.

그렇다면 우리는 누구일까. 46억 년 전에 생겨난 지구에 32억 년 전 산소가 생성되고 박테리아가 생겨나면서 100여만 종의 동물이 서식하기 시작했다. 그중에 사람과에 속하는 고릴라 속, 침팬지 속, 사람 속의 1종이 두 다리로 걷는 '호모사피엔스 종.'

사람이 두 다리로 걷게 된 것은 획기적이다. 뒷다리만으로 직립보행이 가능하게 됨으로써 앞발을 자유로이 움직이며 도구를 만들어 사용할 수 있게 되었기 때문이다. 거기다 불을 사용할 수 있게 되어 고기를 익혀 먹는 바람에 충분한 단백질 공급과 추위를 벗어나 살아남을 수 있게 되었다.

이후로 자연스레 뇌 용량이 커지고 다른 동물과의 경쟁에서 압도적 우위를 차지하게 된 것이니 얼마나 대단한 진화인가.

공룡이 멸종한 것은 운석의 충돌설이 지배적이다. 지구 폭풍을 일으켜 햇빛이 차단되는 바람에 기온이 급강하하여 절명하게 됐다는 것이다. 사체가 일시에 묻힌 게 오늘날에 검은 보석으로 알려진 기름이라는 것이 정설이다. 얼마나 많은 공룡이 대단위로 묻혀 있기에 지금까지 파도, 파도 계속 나오는 것일까.

공룡은 일시에 전멸한 것으로 알려져 있다. 그러나 극히 일부는 형질이 보존되어 새와 악어, 거북과 타조 등으로 이어지고 있다. 그중 내가 보기에 코모도나 도마뱀이 유전적으로 가장 많이 형질이 전해지고 있지 않나 생각한다. 형상 자체도 육식공룡인 수각류를 많이 빼닮아있기 때문이다.

공룡공원의 주 관람객은 어린이들이었다. 아이들은 공룡을 형상화해 놓은 미끄럼틀과 입을 벌린 티라노사우루스 입속에 들어가 놀고 있었다.

  성인들도 공룡에 대해서는 신기해한다. 그 이유는 무엇일까. 그것은 아마도 공룡시대에 인류는 아직 별에서 떨어져 나온 원소의 입자에 불과했지만, 인연이 닿아서일까. 아무튼, 인간의 출현 이전에 앞서서 세상을 지배했다는 사실이 놀라울 뿐이다.

  인류학자들은 인간의 기원을 통상 200만 년으로 본다. 그것도 현생인류의 출현은 기껏 5만 년이다. 그런 기준으로 볼 때 공룡이 활동한 시기는 얼마나 아득한 것인가.

  그런데 나는 눈앞에 펼쳐진 공룡의 형상물과 찍혀있는 발자국을 보면서 신비감에 사로잡힌다. 그러면서 '내가 살아있음으로 이것을 보고 있다는 사실'에 마냥 감회에 젖는다. 먼 별에서 떨어져 나온 유성에서 어머니의 몸을 거쳐서 지금 전설을 접하는 마음에 경이로운 마음을 내려놓지 못했다. (2024)

뇌리에 꽂힌 명언 명구(名句)

 살아가면서 접한 말 중에 입안에 박하사탕을 문 듯이 상쾌하고 신선함이 느껴지는 표현이 많지만, 그중에서도 특별히 잊히지 않는 것이 몇 개가 있다. 이것들은 늘 주머니에 넣고 다니는 동전처럼 떠올리면 금방 손에 잡히듯 쉽게 입에서 튀어나온다.
 그중 하나는 불광불급(不狂不及)이다. 미치지 않으면(不狂) 미치지 못한다(不及)는 말. 이것은 내가 글을 쓰면서 항상 염두에 두고 있는 말이기도 하다. 수천수만 명이 수천수만 편의 글을 써내고 있는데, 남다르게 주목받을 글을 내놓자면 적어도 그러한 자세를 견지하지 아니고서는 이룰 수 없기 때문이다. 그래서 자신을 담금질하고 채찍질을 하는 뜻에서 늘 명심하는 사항이다.
 그밖에도 좋아하는 말이 있는데 그것은 "오늘 내가 의미 없이 보내는 하루는 어제 죽은 사람의 간절한 내일이다."라는 것이다. 그리고 또 다른 것으로 "사랑하면 알게 되고 알면 보이나니 그때 본 것은 전과 같지 않으리라."라는 것도 있다.

거기다가 정신집중을 강조하는 "정신일도 하사불성(精神一到 何事不成)"이라는 말도 좌우명처럼 좋아한다. 정신을 한군데 집중하면 이루지 못할 것이 없다는 이 말은 참으로 금과옥조와 같은 말이 아닌가 한다.

이 말은 아우를 생각하면 바로 실감이 난다. 아우는 대체의학을 한 사람으로서 이역만리 카자흐스탄 낯선 나라에서 병원을 열고 의술을 펼치고 있는데, 여간한 의지의 인물이 아니다. 침술 치료를 하는데 거기다 뜸과 온혈요법을 가미하고 있다. 한데 이 침술 요법은 무엇보다도 온기를 모아야 하며 마음이 환자에게 가닿지 않으면 치료가 되지 않는다고 한다.

그래서 아우는 새벽이면 일어나 참선을 하면서 치료하는 환자가 나아지기를 간곡하게 염원을 한다고 한다. 그렇게 해야만 침술이 효험을 나타낸다는 것이다. 그러니까 정신일도 하며 마음을 최대한 모으는 셈이다. 간절한 소통 방법이라고나 할까.

사람이 살아가는 데는 무엇보다 마음이 중요하다. 긍정적인 사고를 하고 사는 사람과 매사를 부정적인 사고를 하고 사는 사람은 살아가는 삶에서도 차이가 난다. 그러므로 생각의 중심을 잡고 마음의 에너지가 바르게 흐르도록 함이 중요하다. 그것이 오죽 중요하면 속담에도 "미운 사람 고운 데 없고, 고운 사람 미운 데 없다"라고 편견을 경계했을까.

나는 외국에 거주하는 아우와 자주 소통하고 사는데 그는 대화 중에 데일 카네기의 말을 많이 인용한다. "우리는 겸손해야 한다. 당신이나 나는 대단한 사람이 아니다. 당신이나 나는 앞으로 100년만 지나도 완전히 잊힐 사람들이다." 그러면서 그가 말한, "항상 웃고 살자. 항상 사랑하자. 항상 감사하자."는 말을 전한다.

그러면서 7C 대승불교 큰 스승 산티베바의 말도 들려준다. "세상의 모든 행복은 남을 위한 마음에서 오고, 세상의 모든 불행은 이기심에서 온다. 하지만 이런 말이 무슨 소용이 있는가. 어리석은 사람은 자기 이익에만 매달리고 지혜로운 사람은 다른 사람의 이익에 헌신한다. 그대 스스로 그 차이를 보라." 따끔한 일침이 아닐 수 없다.

그러나 이런 좋은 말씀도 머리로는 이해하나 몸으로 실천하기는 쉽지 않다. 그리고 실천하기 어려운 것 중에는 효행도 있지 않은가 한다.

나는 효행을 생각하면 그것을 실천하지 못해서인지 죄송한 마음이 들고 얼굴이 붉혀진다. 참회하는 마음으로 몇 가지 효행을 전하는 글귀를 더듬어 본다.

'아버지가 사랑하고 아들이 효도하며 형이 우애하고 아우가 공경하여 비록 극진한 경지에까지 이르렀다 할지라도 그것은 모두 마땅히 그렇게 해야 할 것일 뿐인지라, 털끝만큼도 감격스러운 생각으로 볼 것이 못 되느니라. 만약 베푸는 쪽에서 덕으로 자임하고 받는 쪽에서 은혜로 생각한다면 이는 곧 길에서 오다가다 만난 사람이니 장사꾼과 같은 관계가 되고 만다. -채근담-'

'그대가 새벽에 저자로 나가 떡을 사는 것을 보는데, 부모에게 드린다는 말은 듣지 못하고 자식에게 준다는 말만 들었다. 부모는 아직 먹지도 않았는데 자식이 먼저 배가 부르니, 자식의 마음은 부모의 마음이 좋아하는 것에 비하지 못하리라. 그대에게 권하노니, 떡 살 돈을 많이 내어 사실 날도 얼마 안 남은 늙은 부모님을 잘 봉양하라. -명심보감-'

'부모가 이미 세상을 떠나고 안 계시더라도, 무슨 일을 당했을 때 옳게 행동하는 것은 부모의 명예를 빛내는 것이니 힘주어서 하게 되고, 한편으로는 나쁜 짓을 하려다가도 부모의 이름을 더럽히지 않으려고 다시 반성하여, 좋지 않은 일은 하지 않는 것이다. -예기-'

'어린 자식들은 아무리 말이 많아도 그대가 듣기에 늘 싫지 않고, 부모가 어쩌다 한번 입을 열면 참견이 많다 한다. 참견이 아니라 부모는 걱정이 되어 그러느니라. 흰머리가 되도록 긴 세월에 아시는 게 많으니라. 늙은이의 말씀을 공경하여 받들고, 젖내나는 입으로 옳고 그름을 다투지 말라. -명심보감-'

'요즘은 부모에게 물질로써 봉양함을 효도라 한다. 그러나 개나 말도 집에 두고 먹이지 않는가. 공경하는 마음이 여기에 따르지 않으면 짐승과 무엇이 다르겠는가. -논어-'

'자식이 부친을 존경하지 않는 것은 경우에 따라 용서될 수 있지만, 모친에게도 그렇다면 그 자식은 세상에 살아있을 가치가 없는 못된 괴물이라고 말하지 않을 수 없다. -루소-'

'부모가 늙어 기력이 약해지면 의지할 사람은 자식과 며느리밖에 없다. 아침저녁으로 부드러운 말로 위로하고 따뜻하고 부드러운 음식과 잠자리와 즐겁게 말 상대를 해드림으로써 노년의 쓸쓸함을 덜어드리도록 하라. -부모은중경-'

'효자의 어버이 섬김은 살아서는 공경을 다 하고, 봉양함에는 즐거움을 다하고, 병드신 때에는 근심을 다 하고, 돌아가신 때는 슬픔을 다하고, 제사 지낼 때 엄숙함을 다해야 한다. -공자-'

'어린 자식의 오줌과 똥 같은 더러운 것도 그대 마음에 거리낌이 없고, 늙은 어버이의 눈물과 침이 떨어지면 도리어 미워하고 싫어하는 뜻이 있다. 여섯 자나 되는 몸이 어디서 왔던가? 아버지의 정기와 어머니의 피로 그대의 몸이 이루어졌네. 그대에게 권하노니 늙어가는 어버이를 공경하여 모시라. 젊었을 때 그대를 위하여 힘줄과 뼈가 닳도록 애쓰셨느니라. -명심보감-'

구구절절 심금을 울리는 말인데, 아마도 더욱 큰 울림으로 다가오는 것은 그러한 효를 제대로 실천해 보지 못해서인지 모른다. (2022)

꼭 기억해야 할 참상

내가 태어난 고향마을은 분지 형태로 소쿠리 모양을 하고 있다. 그렇다 보니 동서남북 사방이 산으로 외워 싸여 외부와 소통하는 길은 한정되어 있다. 여기서 눈치 빠른 독자들은 짐작하겠지만 그 길은 저마다 크고 작은 고개를 하나씩 품고 있다.

동으로는 중매고개, 남으로는 목골, 서쪽으로는 고리태고개, 북으로는 풍치고개가 그것이다. 이 고개들은 대부분 사람이 두루 이용하지만 당일치기로 일을 마치고 돌아오는 때가 많다. 그렇지만 단 하나, 동편으로 나 있는 중매고개는 그렇지 않다. 누구를 기다리며 소식을 고대하는 고개로 통한다.

그 이유가 있다. 그쪽 방면에는 기차역이 있고, 시외버스 정류소가 있어서 외지에서 온 손님들이 주로 그 고개를 넘어오기 때문이다. 마을 동쪽과 남쪽에는 각각 노거수 느티나무가 버티고 서 있다. 동구(洞口)의 경계를 이루고 있는 셈이다.

한데, 이곳에는 내가 어렸을 적에 보면 해거름 녘에 동편 느티나무 아래에서 서성이는 할머니가 있었다. 일제강점기 때 일본 징용에 끌고 간 아들을 기다리는 발길이었다.

일본 패망 후 조선인들이 귀국한다는 소식을 듣고 행여 오나 기다렸으나 돌아오지 않자 그렇게 하릴없이 기다리는 것이었다. 그 발걸음이 한두 번도 아니고 계속되니 마을 분들은 안타까워하며 "어여, 들어가세요" 채근을 하였다. 그래도 들은 척도 하지 않았다. 그대로 한식경을 서성이다 땅거미가 내려앉으면 그때야 발길을 돌렸다.

일제 치하에서 벗어나 해방된 지도 80년이 넘었지만, 일본이 조선인에게 자행한 만행을 생각하면 잊을 수가 없다. 그들이 자행한 만행을 생각하면 인간의 탈을 쓰고서 저렇게까지 할 수 있었을까 싶도록 치가 떨린다.

1923년 9월 1일. 일본 관동에서 7.9의 대지진이 발생했다. 이로 인해 10만 5천 명의 사망자와 실종자, 수많은 재산피해가 발생했다. 민심이 들끓기 시작하자 그 분출구로 조선인을 겨냥했다. 그 와중에 조선인 6,611명이 억울하게 희생되었다. 당시 독립신문에 보도된 숫자이다.

"조선인들이 우물에 독을 풀었다!"
"조선인들이 방화하고 다닌다!"

그 사건이 일어난 지 100여 년이 되었다. 그동안 일본은 입을 닫고 감추기에만 급급했다. 그런데 모르쇠로 일관하던 그들에게서 희한한 일이 벌어졌다. 뜬금없이 명단 일부를 한국 외교부에 전달한 것이다.

그 소식은 신문 지상에 보도가 되었다. 반드시 풀어야 할 의문인데 정부는 계획을 세워 철두철미하게 임해야 하지 않을까 한다. 귀국선 우키시마호에서의 몰살 사건, 어찌 잊을 수 있는 일인가.

그 사건을 우리는 일본의 계획적 만행으로 벌어진 일임을 인식하고 있다. 그 근거는 목격자들이 증언하고 있다. 일본은 미군에게 핑계 대며 미군의 기뢰에 의한 침몰이라고 주장하나, 그걸 믿는 한국인은 없다. 폭발이 선실에서 일어났다는 것을 목격한 사람이 한두 사람이 아니다.

왜 그들은 고의로 선실에 폭약을 장치하여 폭파를 시킨 것일까. 무엇을 감추고자 한 것일까. 일본 당국은 수많은 조선인 강제 노동자들을 부산항으로 돌려보내겠다며 나섰다. 그 말을 듣고 수많은 동포가 우키시마호에 올랐다. 그날이 1945년 8월 22일, 배는 아오모리항을 출발했다.

한데 해군 수송선 우키시마호는 선수를 부산항이 아닌 교토 마이즈항으로 돌렸다. 그리고 난 후 이틀 후인 8월 24일 배는 폭발로 침몰했다. 배에는 조선인 1만 2천 명이 타고 있었는데 한순간에 수장되고 말았다.

그동안 일본은 우리 측이 요구한 승선자 명단 공개를 거부해왔다. 이런저런 핑계를 대며 외면했다. 그 때문에 오랜 세월이 흘렀음에도 진상 규명은 첫 발걸음도 떼지 못하고 있다. 그런데 일부나마 자진해서 보낸 명단이 도착했다니 다행이기는 하나, 어리둥절하다. 무슨 꿍꿍이속이 있는 것은 아닐까. 의문이 가는 것은 당연하다.

일본은 지금까지 과거사 문제에 대해서 진정 어린 사과를 한 적이 없다. 그저 애매한 표현으로 무슨 통석의 염이니, 가슴 아프게 생각한다느니 하면서 립서비스에 그쳤을 뿐이다.

이런 마당에 최근 국내 일부 인사들의 일본 찬양, 일본을 편들기는 도를 넘고 있다. 혹시라도 이들이 이런 문제까지도 바람을 잡으며 일본은 책임이 없다고 항변하고 나서지 않을까 걱정된다. 한국의 유화정책과는 달리 일본의 태도는 거의 달라진 게 없고, 현재도 터놓고 독도 주변을 순찰하는 것은 물론, 교과서에 독도를 자국 땅이라고 기술하여 가르치고 있다.

관동대지진은 물론 수송선 우키사마호를 생각하면 분통이 터진다. 그 생각을 하면 나는 오래전에 노거수 느티나무가 서 있는 동구에 서서 아들을 마냥 기다리던 할머니 모습이 스친다. 돌아오지 않는 아들의 이름은 임O홍. 혹시 일본이 보내온 명단 속에 그 이름이 들어있을까.

생사라도 확실히 밝혀진다면 살아생전 눈을 감지 못하고 아파하던 할머니도 조금은 위로를 받지 않을까. 신문에 보도된 기사를 보노라니 새삼스럽게 처연한 생각이 들면서 중매고개를 한없이 바라보고 계시던 할머니가 잊히지 않는다. (2024)